ZU GAST
IN MAROKKO

ZU GAST IN MAROKKO

Maria Seguin-Tsouli und Marie-Pascale Rauzier
Fotos Hervé Amiard
Stilistin Laurence Mouton

CHRISTIAN VERLAG

INHALT

الفهرس

EINFÜHRUNG

Das Küstenland 85

Marrakesch und der Süden 127

EINE KÜCHE DER VIELFALT

Die Küche Marokkos schöpft ihren Reichtum aus einer langen und bewegten Geschichte und den vielfältigen Einflüssen seiner traditionsreichen Kulturen. Die verschiedenen Völker, die im Laufe der Jahrhunderte Handel mit dem Königreich betrieben oder sogar das Land eroberten, hinterließen überall ihre Spuren, in der Kunst, in der Architektur und auch in der Küche. Von den ersten Siedlungen der Berberstämme über die Ankunft der Araber, dann der Andalusier und der aus Spanien vertriebenen Juden bis hin zum Einfluss der Osmanen – die ethnische Vielfalt des Landes, die kulinarischen Anleihen und Produkte aus den verschiedenen Kontinenten haben dazu beigetragen, dass sich in Marokko eine Küche entwickelte, die heute weltweiten Ruf genießt. Sie ist mittlerweile Ausdruck traditioneller marokkanischer Lebenskunst und Gastlichkeit. In jedem Haus erwarten Tee und eine Auswahl an Gebäck den Besucher, ebenso wie Milch und Datteln, die Symbole der Gastfreundschaft.

Von der berberischen Urbevölkerung übernahmen die Marokkaner die einfachen, rustikalen Gerichte auf der Grundlage von geschrotetem Weizen, Grieß und verschiedenen aromatischen Pflanzen und Gewürzen. Die Araber, die im 7. Jahrhundert aus dem Orient kamen, um den Norden Afrikas zu erobern, ließen sich ab dem 9. Jahrhundert in Fes nieder und brachten das Raffinement der in voller Blüte stehenden Kultur Bagdads mit. *Kitab el tabih*, ein kulinarisches Werk, das ein Gourmet aus Bagdad namens Chamseddine el Baghdadi im Jahre 1226 geschrieben hatte, kursierte in jener Zeit in Kairo, Tunis, Algier und Fes. Aus der arabischen Küche stammte eine neue Art der Fleisch- und Geflügelzubereitung, bei der die Sauce kurz vor Ende der Garzeit eingekocht und mit exotischen Gewürzen wie Safran, Muskatnuss oder Ingwer verfeinert wurde. Die Omaijaden aus Syrien hinterließen ihre Backwerke aus Mehl, Öl, Honig, Mandeln und Pistazien. Doch den zweifellos größten Einfluss auf die marokkanische Küche hatten die Andalusier. Im 15. Jahrhundert wurden die andalusischen Araber nach acht Jahrhunderten Besetzung im Zuge der Reconquista von der Iberischen Halbinsel vertrieben. 1492 fiel mit Granada die letzte islamische Bastion. Die Flüchtlinge ließen sich in Tétouan, Fes und Rabat nieder, urbane Zentren, die sie mit ihrer verfeinerten Lebensart und traditionsreichen Esskultur bereicherten, einer Mischung aus jüdischer, christlicher und arabischer Küche. Alle möglichen Sorten Fleisch, Fisch und Gemüse erweiterten die Vielfalt und Zusammenstellung der marokkanischen Speisen; exotische Gewürze bereicherten zusätzlich die Palette der Aromen. Die berühmte Tagine mit Backpflaumen; Tauben-B'stila mit geriebenen Zwiebeln, Petersilie, geschälten Mandeln und Zimt; Tagine mit Zitrone und Oliven; die vielen gefüllten Fleisch- und Gemüsegerichte – sie alle sind andalusische oder von den Andalusiern übernommene kulinarische Errungenschaften. Zu den orientalischen und spanischen Einflüssen gesellten sich die Beiträge der osmanischen, afrikanischen und abendländischen Kulturen. Zahlreiche Familien aus Algerien, das von Beginn des 16. Jahrhunderts bis 1830 von den Türken besetzt war, flohen vor den neuen Besatzern aus Frankreich nach Tétouan. Ihre von den Türken beeinflusste Küche verbreitete sich auch in Marokko: Spieße und Grillgerichte – nahe Verwandte des türkischen Kebab –, frittierte Teigblätter und Briuats. Auch der *meschwi*, ein über dem Feuer meist im Ganzen gebratenes Lamm, und die Milchdesserts sind ein ferner Nachhall der osmanischen Küche. Die afrikanischen Einflüsse datieren zweifellos noch weiter zurück. Sicher ist, dass die seit den ersten Jahrhunderten unserer Zeitrechnung durch Marokko ziehenden Wüstenkarawanen neuartige Gewürze, Gemüse und exotische Früchte aus dem Sudan ins Land brachten. Englische Kaufleute führten den Tee mit größerem Erfolg in Marokko ein als ihre französischen Kollegen das Baguette und das Steak mit Pommes frites.

UNTEN: *Die letzten Sonnenstrahlen tauchen ein großes Restaurant unter freiem Himmel auf dem Platz Djemaa el Fna in Marrakesch in abendliches Licht.*

Bis spät in die Nacht genießen die Besucher Spezialitäten wie gebratene Leberspieße, gedämpften Hammelkopf, „Harira" oder gebackene Auberginen.

Von Nord nach Süd, von West nach Ost, die großen Klassiker der marokkanischen Küche wie die B'stila, der Couscous oder die Tagine sind heute überall im Lande fest etabliert. Lediglich die Zubereitung und Zutaten variieren von Region zu Region. Die Küche Marrakeschs mit ihren Tangias und würzigen Tagines unterscheidet sich von der in Fes. Die Saharier ernähren sich hauptsächlich von Gerstengrütze; Fisch und Meeresfrüchte sind ihnen unbekannt, wohingegen in den Küstenregionen Couscous mit Mais und Fisch allgegenwärtig ist. Doch die Landflucht lässt die kulinarischen Grenzen zunehmend verwischen. Was bleibt, sind die Familientraditionen, in der heimischen Küche wohl behütete und weitergereichte Kochkunst.

EINE KÜCHE DER FRAUEN

Die marokkanische Küche ist eine rein weibliche Angelegenheit. Die Frauen sind die alleinigen Bewahrer eines altüberlieferten Wissens und Repertoires fachkundiger Handgriffe, das ganz selbstverständlich von Mutter zu Tochter weitergereicht wird. Mit untrüglichem Kennerblick wählen sie Fleisch und Gemüse aus, ihre Nase diktiert ihnen instinktiv die perfekte Mischung der Gewürze, ihre Hände erfühlen unfehlbar die richtige Konsistenz eines Teiges und die Feinheit eines Grießkorns. Augenmaß und Gefühl ersetzen die Waage. Lange Zeit hatte eine junge Frau keine Aussicht zu heiraten, wenn sie nicht wusste, wie man den Grieß für einen Couscous zwischen den Handflächen reibt oder die Gewürze für eine aromatische Tagine zusammenstellt. Gerade in den ländlichen Gegenden gibt es noch zahlreiche Frauen, die zwar weder schreiben noch lesen, dafür aber wunderbare Speisen zubereiten können, eine Kunst, die sie von ihren Müttern erworben haben. Die auch heute häufig noch von der Schule „freigestellten" jungen Mädchen – der Analphabetismus der weiblichen Bevölkerung ist in Marokko nach wie vor sehr hoch – haben alle Zeit der Welt, ihren Müttern in der Küche über die Schulter zu schauen und ihre Handgriffe nachzuahmen. In den entlegenen Tälern des Atlasgebirges können bereits die Zwölfjährigen einen Brotteig kneten, den Couscous-Grieß reiben und die verschiedensten Küchenarbeiten erledigen.

In der Küche der Frauen haben die Dinge Weile. Die Marokkanerin widmet dieser rein weiblichen Aktivität einen großen Teil des Tages. Denn die gewissenhaften, aufwendigen und mit großer Aufmerksamkeit überwachten Zubereitungen erfordern vor allem eines: Zeit. Die Hausfrau verwaltet die Vorräte und bereitet die täglichen Speisen zu, deren Geheimnis nur sie kennt. Zu den Mahlzeiten versammelt sich die Familie um die Mutter und Herrscherin des Küchenreichs. An Feiertagen kommen alle Frauen zusammen, egal ob Verwandte oder Freundinnen, um sich gegenseitig unter die Arme zu greifen, eine fröhliche Kochrunde, bei der sie auch Rezepte und Tipps austauschen. Der Mann ist aus dem Reich der Küche ausgeschlossen. Dafür führt er draußen das Regiment. Er bereitet den *meschwi* oder brät Spieße und kocht den Minztee.

Sind in den ländlichen Gegenden die Sitten und Gebräuche weitgehend unverändert geblieben, so arbeitet in den Städten heute eine zunehmende Zahl marokkanischer Frauen auch außer Haus, wodurch ihre Zeit für die Küchenarbeit natürlich immer knapper und kostbarer wird. Aufwendige Zubereitungen beschränken sich daher mehr und mehr auf die Feiertage, und manche traditionellen Gerichte kommen in einer vereinfachten Form auf den Tisch. Die Küche hat sich modernisiert, doch hindern Kühlschrank, Tiefkühltruhe, Gasrechaud und Mixer die Köchinnen nicht daran, der Tradition und altbewährten Handarbeit treu zu bleiben und dank der modernen Errungenschaften dennoch ein bisschen Zeit zu sparen. Als Reminiszenz an längst vergangene Zeiten pflegen sie noch immer alte Konservierungsmethoden und legen Zitronen, Oliven oder auch Fleisch auf althergebrachte Weise in Salz ein.

GEGENÜBERLIEGENDE SEITE: *Als Hüter eines altüberlieferten Wissens sind die marokkanischen Frauen uneingeschränkte Herrscherinnen im Reich der Küche.*

UNTEN: *Nur wenige Frauen beherrschen die unnachahmlichen Handgriffe zur Herstellung von Trids, hauchdünnen, durchsichtigen und mit Öl bestrichenen Teigblättern, die mit Fleisch oder Geflügel gefüllt werden.*

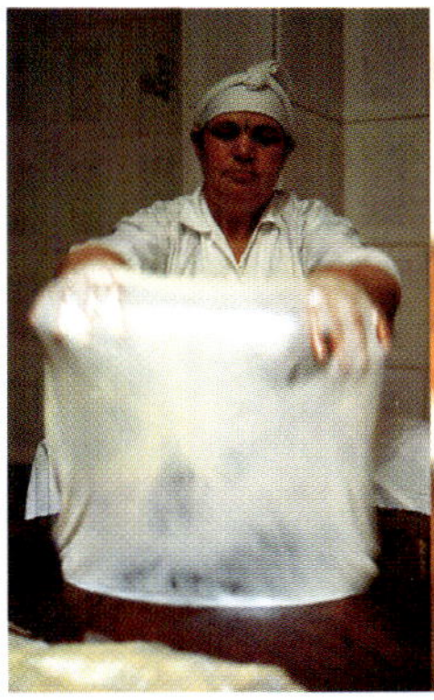

UNTEN: *Kleine, tagineförmige Menagen mit Salz, Pfeffer und manchmal auch Kreuzkümmel zieren zu jeder Mahlzeit den Tisch.*

GEGENÜBERLIEGENDE SEITE: *Ein Gemüsemarkt in Fes.*

REICHE AUSWAHL AUS DEM OBST- UND GEMÜSEGARTEN

Eine gewöhnliche Mahlzeit besteht aus einem einzigen Gericht und reichlich Brot dazu. Auf dem Lande ist dies nicht selten eine einfache, dicke Suppe. Dafür sind die Feiertage von einer ganzen Armada von Speisen geprägt, die in einer festgelegten Reihenfolge aufgetragen werden: Den Anfang macht eine reiche Auswahl an würzigen Salaten, gefolgt von einer B'stila und einer endlosen Folge von Tagines aus den unterschiedlichsten Zutaten. Den Abschluss bildet der traditionelle Couscous.

Geraspelte Möhren mit Orangensaft und Zimt, Blattsalate mit Orangen, Rettichsalat, Salate mit Zwiebeln, Tomaten und Gurken, aber auch gekochte Möhren mit Kreuzkümmel, *zahluk*, ein Auberginenpüree mit Tomaten, über Holzkohle gegrillte und in Streifen geschnittene Paprikaschoten oder Gemüsebeignets, das Sortiment der Vorspeisen aus Rohkost oder gegartem und püriertem Gemüse ist vielfältig, farbenprächtig und appetitanregend. Gemüse dient häufig als Beilage zu Fleisch oder Couscous, wird gelegentlich aber auch als eigenständiges Hauptgericht serviert. Der Wohlgeschmack einer Speise hängt entscheidend von der Frische der verwendeten Produkte ab. Die Sortenvielfalt und seine ganzjährige Verfügbarkeit auf den Märkten haben Gemüse zu einem der Grundpfeiler der marokkanischen Küche gemacht. Außerdem legen die Hausfrauen in den Souks, den marokkanischen Märkten, eine nahezu manische Sorgfalt bei der Wahl der Produkte an den Tag. Möhren, Rüben, kleine, feste Zucchini und Auberginen gehören zu den am häufigsten verwendeten Sorten. Die heute aus der marokkanischen Küche kaum wegzudenkenden Tomaten schlugen erst zu Beginn des 20. Jahrhunderts unter dem französischen Protektorat im Lande Wurzeln. Für die Tagines oder Salate werden sie grundsätzlich enthäutet und entkernt. Die im Februar geernteten Saubohnen gehören zu den saisonalen Gemüsesorten, ebenso wie Artischocken und grüner Spargel, die ihrerseits die Vielfalt der Tagines bereichern. Roter Kürbis wird in dicken Scheiben angeboten, Kardone entblättert und in Stäbchen geschnitten. Bei den Zwiebeln bevorzugen die Frauen die großen, festen Exemplare. Kichererbsen werden vor dem Schälen mehrere Stunden in Wasser eingeweicht. Jedes Gemüse hat seine bestimmte Garzeit, die es unbedingt zu beachten gilt, um das Aroma bestmöglichst zu bewahren.

Von der marokkanischen Sonne verwöhnt, verleihen Früchte jeder Mahlzeit einen belebenden Abschluss. Sie werden frisch oder als Salat serviert, sind reich an Vitaminen und Fruchtzucker und harmonieren außerdem hervorragend mit dem Fleisch und Gemüse in den zahllosen Tagines. In der Flussebene des Sous gedeihen Orangen, Pampelmusen und Zitronen in Hülle und Fülle. Die kleinen Bananen aus der Region um Agadir sind ganz besonders süß, die Honig- und Wassermelonen eine willkommene Erfrischung an warmen Sommerabenden. Mispeln, deren leicht säuerliches Fruchtfleisch einen riesigen Kern umhüllt, sowie kleine, sehr aromatische Aprikosen und frische honigsüße Feigen ergänzen das Angebot. Quitten werden im November geerntet und wegen ihres säuerlichen Geschmacks oft leicht gezuckert als Gemüsebeilage verwendet.

SAFTIGES FLEISCH UND ERLESENE GEWÜRZE

Fleisch war in den armen Gesellschaftsschichten stets ein Luxusartikel und wurde daher nur zu festlichen Anlässen oder in den reichen Städten wie Fes regelmäßig gegessen. Am beliebtesten sind Hammel- und Lammfleisch. Für einen Couscous werden besonders Schulter, Hals und Keule des Tieres geschätzt. Vor allem an den religiösen Festtagen spielt Fleisch eine zentrale Rolle. Damit es *hallal* oder statthaft ist, schreibt der islamische Glaube ein bestimmtes Schlachtritual vor, bei dem dem Tier unter Anrufung Allahs die Kehle durchgeschnitten wird. Der Verzehr von Schweinefleisch oder von vor dem Schlachten nicht geweihtem Fleisch ist den Muslimen verboten. Ein geopferter Hammel wird vollständig verwertet. Das in der Sonne getrocknete Fleisch hält sich sehr lange und ermöglicht bei überraschendem Besuch eine improvisierte, wenngleich auch mit langen Garzeiten verbundene Mahlzeit. Das *khlii,* im eigenen Fett gegartes Fleisch, war früher eine beliebte Hausmannskost. Heute findet man es in den Feinkostläden von Fes und anderen großen Städten.

Fleisch wird in Marokko stets durchgegart gegessen. Da man es mit den Händen isst, muss es sich durch einfachen Druck mit den Fingern zerteilen lassen. Rindfleisch wird erst seit jüngerer Vergangenheit, Kalbfleisch jedoch kaum gegessen. Huhn galt lange Zeit als Luxus, gewinnt in der täglichen Ernährung aber zunehmend an Bedeutung. Besonders Freilandhühner sind wegen ihres festen, saftigen Fleisches, das während des sanften Garens nicht zusammenfällt, sehr geschätzt. Kommerzielles Zuchtgeflügel wird hingegen meist ohne viel Federlesens gegart. Das Huhn wird vor der Zubereitung immer gewaschen. Hals, Magen und Leber werden zurückgelegt und dienen später für eine Brühe oder einen Couscous. Bei vielen marokkanischen Gerichten wird das Fleisch stundenlang geschmort, doch gibt es auch köstliche, meist an Spießen über einem Holzkohlefeuer zubereitete Grillgerichte, wie den *meschwi,* gebratenes Lammfleisch, das besonders an Feiertagen serviert wird. Dabei ist die Qualität des Tieres genauso wichtig wie die fachkundige Überwachung des Garprozesses. Das Fleisch muss sehr sanft garen und regelmäßig übergossen werden, bis es sich problemlos mit den Fingern zerteilen lässt.

Getrocknete Gemüse und Minze, Gewürze und die verschiedensten Heilkräuter und -wurzeln werden lose aus großen Jute- oder Plastiksäcken verkauft.

Ohne Gewürze und frische Kräuter wäre jede Küche langweilig und fade. Obwohl die Grundzutaten der marokkanischen Küche überschaubar sind, eröffnet die Fülle der Gewürze eine ungeahnte Vielfalt und Abwechslung der Speisen. Die Gewürze werden lose in den Souks angeboten. Die Frauen kaufen stets nur kleine Mengen, die sie in licht- und luftundurchlässigen Gefäßen aufbewahren, denn das Aroma der Gewürze verflüchtigt sich schnell. Zimtstangen, Ingwerwurzeln, Muskatnüsse – ganze Gewürze werden favorisiert, da sie zu Pulver zerrieben noch schneller ihren Geschmack einbüßen. Fertige im Handel angebotene Gewürzmischungen werden gemieden, da sich die verschiedenen Aromen oft gegenseitig beeinträchtigen. Gewürze miteinander zu verbinden ist eine eigene Kunst und setzt die Kenntnis voraus, welche Aromen miteinander harmonieren. Kreuzkümmel und Paprika oder Zimt und Ingwer lassen sich zum Beispiel problemlos mischen. Einige Gewürze müssen unbedingt zu Beginn der Garzeit zugegeben werden, damit ihr Aroma das Fleisch oder Gemüse durchdringen kann. Andere hingegen, wie zum Beispiel Kreuzkümmel, Zimt oder Muskatnuss, werden erst zum Ende zugefügt, da sie leicht vorschmecken und das Aroma anderer Zutaten zu überdecken drohen.

TAGINE UND COUSCOUS, DIE GROSSEN KLASSIKER

Tagine bezeichnete ursprünglich einen runden, irdenen Topf mit kegelförmigem Deckel. Inzwischen gibt er auch dem Gericht seinen Namen. Der dickwandige Tontopf schützt das Gargut vor der heißen Flamme und verteilt die Hitze langsam und gleichmäßig, sodass der Inhalt sehr schonend gegart wird. Größere Mengen Tagine werden in einem Schmortopf zubereitet und anschließend in dem typischen gleichnamigen Gefäß serviert. Glasiert und mit hübschen Motiven versehen, ist die Tagine ein dekorativer Tischschmuck; zudem hält ihr konisch zulaufender Deckel die Speisen warm. Es gibt unzählige Arten, eine Tagine zuzubereiten, die je nach Region variieren – mit Fleisch, Geflügel oder Fisch, gegart in Oliven- oder Arganöl, mit Oliven oder Backpflaumen, Rosinen, Zitronen oder Quitten. Dabei hängt alles von der Wahl und dem Mischungsverhältnis der Gewürze ab. Eine gute Tagine ist niemals fett. Die Sauce, die das Fleisch umhüllt, muss von dickflüssiger Konsistenz sein. Man unterscheidet vier Zubereitungsarten: *M'charmel* ist eine rote Sauce auf der Basis von Safran, Pfeffer, Kreuzkümmel, Ingwer und rotem Paprika. *M'hammar,* eine Sauce aus Paprikapulver, Kreuzkümmel und Olivenöl, verleiht der Tagine ebenfalls eine schöne rötliche Farbe. *M'qualli* mit Safran und Ingwer hat einen gelblichen Ton, ebenso wie die *qadra,* die neben gehackten Zwiebeln Safran, weißen Pfeffer, Ingwer und Butter enthält. Ein bisschen Fantasie und eine gehörige Portion „Gewusst wie" komplettieren diese Grundlagen. Koriander, Petersilie, Zitrone, Knoblauch, Oliven und Honig sind weitere beliebte Beigaben. Die Saucen geben der Tagine auch ihren Namen: Tagine *m'charmel,* Huhn *m'hammar* usw. Fisch wird grundsätzlich mit *chermula* zubereitet, einer Marinade aus Knoblauch, Koriander, Zitrone, Olivenöl, gemahlenem Paprika, Kreuzkümmel und Petersilie.

Ob auf den bürgerlichen Tafeln oder auf den Tischen der einfachen Leute, Couscous ist das gesellige und gastliche Essen schlechthin. Er wird zu allen erdenklichen Anlässen bereitet: nach dem Freitagsgebet, zu Festen und feierlichen Zeremonien, zur Feier einer Geburt oder Hochzeit oder auch anlässlich einer Trauerfeier. Serviert wird der Couscous auf einer großen runden Platte zu einem ebenmäßigen vulkanförmigen Kegel aufgeschichtet und mit etwas Bouillon befeuchtet. Fleisch und Gemüse thronen auf dem abgeflachten Krater des Grießhügels. Als Hauptspeise ist Couscous sehr beliebt. Anlässlich einer *diffa,* eines Fests, wird er allerdings erst am Ende des Mahls aufgetragen und kaum noch angerührt. Jeder nimmt lediglich ein paar Löffel – aus Höflichkeit gegenüber dem Gastgeber. Zubereitet wird Couscous immer auf die gleiche Weise aus Weizen-, Gersten- oder Maisgrieß und begleitet von Gemüse und Fleisch. Wird der Couscous heute auch nur noch selten vor der Zubereitung mit ein wenig Mehl und Wasser vermengt zwischen den Handballen gerieben, so ist der wahre Couscous nach wie vor der, bei dem die dampfgegarten Körner nicht aneinander haften, sondern locker und luftig auseinander fallen. Ausschlaggebend ist die Qualität der Grießkörner. Obwohl „küchenfertig" gekauft, gleicht die Zubereitung einem Ritual. Der Grieß wird insgesamt dreimal gedämpft, muss eine Weile abseits der Kochstelle ruhen und wird schließlich mit den Fingerspitzen aufgelockert und mit Butter vermengt. Jede Region hat ihre eigene Spezialität, jede Familie ihre individuelle Rezeptur und jede Saison ihr besonderes Gemüse. Rund um den klassischen Couscous mit den Grundgemüsesorten des Landes – Möhren, Zwiebeln und weißen Rüben – haben sich mit der Zeit unzählige Varianten entwickelt. In Casablanca wird ein Couscous mit sieben verschiedenen Gemüsesorten serviert – die Zahl Sieben gilt als gutes Omen –, doch die Liste der regionalen Spielarten ist lang: Mais-Couscous im Atlas, Fisch-Couscous in den Küstenregionen, Couscous mit Fleischklößchen, mit Schneckenklee oder Muscheln, Couscous mit Feigen oder Rosinen, mit Mandeln ... Vorbereitet werden die Grießkörner in einer großen runden Schale aus Holz oder glasiertem Ton. Der Couscoussier aus Metall hat inzwischen das frühere Gargeschirr aus Steingut ersetzt. Die Verwendung des *smen*, etwas abschätzig mit „ranzige Butter" zu übersetzen, wird immer seltener. Dabei ist diese geklärte, gewürzte und in tönernen Gefäßen gereifte Butter sehr lange haltbar und verleiht dem Couscous oder der Tagine eine ganz besondere Note. Wie bei den Gewürzen kommt es auch beim *smen* auf die richtige Dosis an. Als Ersatz dient bisweilen eine Mischung aus Butter und Olivenöl. Das besondere Aroma lässt sich allerdings nicht ersetzen. Couscous mit mehreren Sorten Fleisch ist eine Erfindung des Westens. Eine einzige Fleischsorte bringt den Geschmack des Gemüses und der Brühe besser zur Geltung. Neben den pikanten Couscous-Gerichten gibt es auch süße Varianten wie beispielsweise die *seffa*, ein süßer Zimt-Couscous mit Butter und Honig.

DIE KUNST DER GASTLICHKEIT

Die Freude an gutem Essen ist in Marokko untrennbar mit der Freude an Geselligkeit und dem Empfang von Gästen verbunden. Als Liebhaber üppiger und ausgiebiger Gelage lassen die Marokkaner keine Gelegenheit aus, sich mit Verwandten, Freunden oder auch fremden Besuchern um einen Tisch zu versammeln. Rund um die mit weißen, blauen und grünen Kachelmosaiken gefliesten Innenhöfe der traditionellen Häuser öffnen sich die lang gestreckten Salons, gesäumt von schlichten, mit einfachem Cretonne, Samt oder kostbarem Brokat bedeckten Bänken. Gut gepolsterte Kissen aus dem gleichen Stoff, in perfekter Linie aufgereiht, gestatten ein bequemes Sitzen. Den Fliesenbelag zieren und wärmen Teppiche aus Rabat, die dem Salon eine gedämpfte Atmosphäre verleihen. Diese hie und da von vereinzelten Kanapees unterbrochene Anordnung ermöglicht es, eine große Zahl von Gästen gleichzeitig zu empfangen. Zu den Mahlzeiten werden einer oder mehrere runde Tische in einer Ecke des Salons arrangiert.

Die Frauen kümmern sich um die Bevorratung und suchen höchstpersönlich in den Souks das frischeste Gemüse und die aromatischsten Kräuter und Gewürze aus.

Als Gast eines Mahls erwartet einen zunächst der warmherzige Empfang des Hausherrn. Die Worte und Gesten der Begrüßung sind unumgängliche Rituale der Höflichkeit, die entsprechend erwidert werden. Man erkundigt sich nach jedermanns Befinden und Gesundheit, vor allem der Kinder, und wünscht sich Glück. Ein Haus zum Essen zu betreten bedeutet, die Zeit anzuhalten und die betriebsame Außenwelt hinter sich zu lassen. Die Regeln der Gastlichkeit sind gleichsam ein sakrales Gebot. Die friedvolle Heiterkeit und Güte der Hausher-

rin täuschen über die Anstrengungen der Vorbereitungen hinweg, ein langer, arbeitsamer Tag in der Küche liegt hinter ihr; Speisen in Hülle und Fülle und immer wieder der prüfende Gang in den Salon, ob es auch an nichts fehlt. Doch wenn die Gäste eintreffen, ist alles fix und fertig. Die Luft ist erfüllt vom Duft der Orangenblüten, ein Räucherfass verströmt das dezente Aroma von Sandelholz, und im Samowar kocht bereits das Wasser für den Tee. Bestickte Tücher bedecken die runden Tische. In Fes und Tétouan erinnern die Stickereien an den Kreuzstich aus Toledo. In Rabat und Salé ist der Feston pastellfarben, vielfarbige Stickereien kommen aus Meknès, Spitzen aus Azzemmour ... Jede Stadt hat ihre eigene Stickereischule.

Sobald die Gäste sich rund um den Tisch auf den Bänken an Kissen gelehnt oder auf Sitzpolstern niedergelassen haben, beginnt das Ritual, das jede gemeinsam eingenommene Mahlzeit begleitet, eine von Kindesbeinen an erlernte Kunst zu tafeln. Zunächst kreist ein Handwaschbecken mit einer mit langer Tülle versehenen Wasserkanne um den Tisch. Die Zeremonie des Händewaschens vor Beginn des Mahls gehört zu den zentralen Grundregeln. Das Essen beginnt nicht, bevor der Hausherr die Formel *bismillah* (im Namen Gottes) ausgesprochen hat. Jeder Gast erhält einen kleinen Teller, der zum Ablegen des Brotes, eines kleinen Stückchens Fleisch oder eines Knochens dient. Die Salate werden in Schalen kreisförmig auf dem Tisch angeordnet, wo sie fast während der gesamten Mahlzeit verbleiben. Die kunstvolle Präsentation der Speisen und das Farbenspiel der Gewürze, Oliven und eingelegten Zitronen sind ein Fest für das Auge. Die Reichhaltigkeit der Speisen demonstriert die Großzügigkeit des Gastgebers. Niemals geriete er in Verlegenheit, wenn sich kurzfristig ein paar mehr Gäste ansagten. Die Mengen sind stets so berechnet, dass auch die doppelte Zahl an Gästen satt werden würde. Außerdem gilt es als schlechtes Benehmen und Beleidigung des Gastgebers, sich heißhungrig über die Platten herzumachen oder sie gar restlos leer zu essen, und das nicht allein, weil die verbliebenen Speisen gewöhnlich noch die übrigen Familienmitglieder, Kinder und Hausangestellten ernähren sollen.

Nach einer genau festgelegten Ordnung wechseln in der Mitte des Tisches die Speisen, von denen jeder maßvoll und bescheiden kostet: eine B'stila, Gegrilltes, Fisch, eine Tagine mit Huhn ... Von den gemeinsamen Platten und Schalen bedient man sich mit dem Daumen, Zeige- und Mittelfinger der rechten Hand, ohne jedoch in das Territorium des Nachbarn einzudringen! Das immer reichlich vorhandene, meist warme und nach Anis duftende Brot ersetzt gewöhnlich einen weiteren Teller. Als Besteck sind lediglich Löffel erlaubt, mit denen der Couscous gegessen wird, bevor eine große Platte mit Früchten oder ein süßer Grieß mit Zimt das Mahl beschließt. Die Getränke werden auf einem Extratablett auf Anfrage oder am Ende des Mahls serviert. Nachdem der Hausherr das *hamdullilah* (Gott sei Dank) verkündet hat, dürfen sich die Gäste erheben und sich in einen anderen Teil des Salons begeben, wo bereits auf großen Tabletts der Tee und eine reiche Auswahl an Süßigkeiten warten.

DIE GROSSEN FESTMAHLE

Jeder wichtige Abschnitt im Leben der Menschen wird von Feierlichkeiten und großen Festmahlzeiten begleitet. Religiöse Feiertage, Familienfeste, die Rückkehr aus Mekka, die Abende des Ramadan, es gibt genügend Vorwände, zu feiern und das Ereignis mit einer ganz besonderen Speise zu krönen.

Ausgerechnet der Ramadan, der den ganzen Tag lang zum Fasten verpflichtet, treibt den Lebensmittelverbrauch in Schwindel erregende Höhen. In keinem anderen Monat verbringen die Frauen so viel Zeit mit der Zubereitung von Speisen wie während des Ramadan, und sie selbst fasten natürlich auch. Am meisten betroffen von dem steigenden Lebensmittelbedarf ist die Tomate. Sie ist

GEGENÜBERLIEGENDE SEITE OBEN: *Sonnenuntergang über dem Atlasgebirge in der Gegend um Taroudannt.* DARUNTER: *Ein reich gedeckter Tisch zum „ftur", dem abendlichen Fastenbrechen während des Ramadan.*

UNTEN: *An Feiertagen werden in jedem Haus ganze Tabletts mit leckerem Kuchen und Gebäck bereitet, um sie bei jeder Gelegenheit mit einem Glas Minztee zu genießen.*

Gegenüberliegende Seite: *Kleine, schmale Gläser aus Saint-Louis-Kristall und eine in Manchester hergestellte Silberkanne gehören zum traditionellen Teeservice der bürgerlichen Familien in Rabat und Fes.*

Grundzutat der *harira,* einer dicken Suppe, die darüber hinaus auch Linsen, Kichererbsen, Reis und Fleisch enthält und mit Zitrone abgeschmeckt wird. Zum Ramadan kommt sie jeden Abend auf den Tisch. Vom Sonnenaufgang bis zum Sonnenuntergang enthalten sich die Moslems während des Ramadan jeglicher Nahrung, Flüssigkeit und fleischlicher Genüsse. Vor Sonnenaufgang gibt es zum *shor* verschiedene Milchspeisen, süßen Grieß und Crêpes. Die Mahlzeit zum abendlichen Fastenbrechen nach Sonnenuntergang heißt *ftur* und wird überall in den Städten und auf dem Land von Sirenen angekündigt. Dreißig Tage lang thront allabendlich eine dampfende *harira* auf dem familiären Esstisch. Ergänzt wird die dicke Suppe von hart gekochten Eiern, *selloh,* einem Konfekt aus geröstetem Mehl, geschälten Mandeln, Zucker, Zimt und Butter, *chebbakiya,* einem aromatischen Honigkuchen, Datteln, Crêpes sowie Kaffee und Milch. Anschließend gibt es Tee und das unvermeidliche Gebäck. In vielen Familien wird gegen Mitternacht ein Diner serviert. Der 26. Tag des Ramadan, „Schicksalsnacht" genannt, ist für Mädchen von besonderer Bedeutung, da er für viele die Schwelle zum Erwachsenwerden markiert. Die jungen Mädchen zwischen acht und zehn Jahren werden, herausgeputzt mit hübschen Kleidern und hennabemalten Händen, in das Fasten eingeweiht. Sie erhalten eine in Honig getauchte Nähnadel und einen mit Milch gefüllten Fingerhut als Symbol für ihren Eintritt in die Welt der Erwachsenen.

Der berühmte *aid al fitr* markiert das Ende des Ramadan. Am Morgen versammeln sich Familie und Freunde um den mit einer Fülle appetitlicher Speisen, Tee und süßen Leckereien gedeckten Tisch. Den Armen und Kranken wird ein Almosen entrichtet, und auf großen Tabletts werden die im Voraus gebackenen Kuchen herumgereicht. Die *achura,* der Jahrestag der Ermordung Husseins, zweiter Sohn Alis, des Schwiegersohnes des Propheten, ist vor allem auch ein Fest für die Kinder, die, herausgeputzt in neuen Kleidern, Geschenke, Datteln, Nüsse und andere Trockenfrüchte bekommen. Es ist der Tag, an dem die Moslems den *zakkat* entrichten, ein vom Koran vorgeschriebenes Almosen, das die Solidarität mit den Armen festigen soll. Das Festmahl, das bereits morgens beginnt, besteht aus Couscous bellya mit Hammelschwanz, der am *aid al kebir* in Salz eingelegt wurde, *zemmeta,* einem mit Orangenblütenwasser aromatisierten Honiggrieß, *kraiyschlet,* kleinen, süßen Sesambrötchen und Trockenfrüchten. Der *mulud* feiert den Geburtstag des Propheten, Anlass für ein üppiges Frühstück und den einen oder anderen Couscous. Es ist auch die Zeit der beliebten *moussem,* Feste zu Ehren eines lokalen Heiligen, bei denen sich die Menschen in großer Zahl um das Grab des Verehrten versammeln. Es sind religiöse und kommerzielle Feste zugleich. Der *aid al kebir* (siehe Seite 50) ist Anlass für ein *meschwi,* ein ganzes Lamm, am Spieß über Kohlenglut gebraten oder im Lehmofen gegart.

Familienfesten wird die gleiche Bedeutung wie religiösen Feiertagen beigemessen, und sie werden als wichtige Ereignisse im Rhythmus des Lebens gesehen. Die meisten Riten und Traditionen haben die Jahrhunderte überdauert, wenngleich sie von Region zu Region variieren. Am siebten Tag nach der Geburt erhält das Kind seinen Vornamen, Anlass für ein Hammelopfer und einen Festschmaus, um den sich die zahlreichen Gäste drängen. Während der Kindheit geben bereits die kleinsten Ereignisse Anlass zum Tafeln: der Tag des Abstillens, der erste Zahn, die Beschneidung …, praktisch jede Gelegenheit, bei der das Kind zum König des Tages wird. Schon Tage vor einer Hochzeit erfüllt unablässiges Treiben die Küchen, wo sich kiloweise Zucker und Mehl neben Krügen voller Öl und Pyramiden von *garn ghozal* (Gazellenhörnchen), *ghoriba* mit Butter (Sesamkekse), *feqqa, halua* und Berge von Nougat auftürmen. Mit großen Festessen wird in beiden Familien das neue, gemeinsame Leben der Jungvermählten gefeiert.

Königs-
stadt
Fes

Königsstadt Fes

Links: *Die fein ziselierten und mit massiven Klopfern versehenen goldenen Türen des Königspalastes in Fes.*

Rechts: *Die Medina ist ein Labyrinth von Gassen, überdachten Passagen und Zugängen zu Privathäusern.*

Als Schmelztiegel von arabischer, berberischer, jüdischer und andalusischer Kultur ist Fes seit Jahrhunderten ein pulsierendes Zentrum urbanen Lebens. Von ausgedehnten, fruchtbaren Ebenen umgeben, wuchs die Stadt an der Kreuzung wichtiger Handelsstraßen heran und zog zahllose Volksgruppen und Kaufleute aus dem gesamten Maghreb an. Lange Zeit war Fes der Heimathafen der Wüstenkarawanen, die Marokko von Tafilalet bis zum Mittelmeer durchquerten. Die älteste Stadt des Königreichs wurde Ende des 8. Jahrhunderts von Idriss I. aus Bagdad gegründet, den die in der Region ansässigen Berber als religiösen und politischen Führer anerkannten. Anfang des 9. Jahrhunderts siedelten mehrere tausend von den Omaijaden aus Andalusien verjagte muslimische und jüdische Familien am rechten Wadiufer des Fes. Sechs Jahre später suchten zweitausend Araber aus Kairouan in Tunesien ebenfalls in der Königsstadt Zuflucht und ließen sich am linken Fesufer nieder. Die aus zwei damals in voller Blüte stehenden Kulturkreisen, Córdoba und Kairouan, stammenden Flüchtlinge hatten maßgeblichen Anteil an der Entwicklung von Fes. Nacheinander von den Berbern, Fatimiden und Omaijaden erobert, erlebte die Stadt sowohl blühende als auch dunkle Perioden. Doch blieb Fes über all die Jahrhunderte das religiöse und intellektuelle Zentrum des Königreichs und genoss die Anerkennung aller bedeutender Sultane. Unter der Herrschaft der Almohaden, deren Reich sich im 12. Jahrhundert von Tripolis bis zum Atlantik und von Südspanien bis zum Sudan erstreckte, drängten sich die größten Gelehrten und Künstler um die Moschee Karaouine in Fes. Im 14. Jahrhundert erlebten Kunst, Kultur und Lebensart mit den Meriniden ihren vorläufigen Höhepunkt. Glaubt man den Chronisten, so war die Küche in jener Epoche von großer Vielfalt und einer prachtvollen Präsentation der Speisen geprägt. Die Araber und Juden, die im 15. Jahrhundert in großen Scharen vor der spanischen Reconquista nach Fes, Rabat und Tétouan flohen, brachten den Schatz von acht Jahrhunderten kulinarischer Tradition mit ins Exil. Fes ist noch heute das Symbol dieses epochalen kulturellen Erbes. Nirgendwo im Lande herrscht eine feinere, höher entwickelte Lebensart als in dieser Stadt. Die Regeln des sozialen Lebens sind hier ebenso ausgeprägt wie der Geschäftssinn und das Streben nach Perfektion, das noch heute das Leben der Bewohner von Fes bestimmt. Zu Zeiten, da die bürgerlichen Familien die Stadt noch nicht verließen, um in die politischen und wirtschaftlichen Metropolen Casablanca und Rabat zu streben, waren anlässlich eines festlichen Mittagessens dreißig bis vierzig Gäste nichts Ungewöhnliches. Das lange Zeit weltoffene Fes hat sich heute nach innen gewandt und wacht hinter Stadtmauern zurückgezogen eifersüchtig über seinen Beitrag zur marokkanischen Geschichte und Kultur. In der Medina liegen verschanzt hinter jeder x-beliebigen, nur von einfachen, beschlagenen Türen und schmalen Fenstern durchbrochenen Fassade wunderschöne, mit Blumen und Bäumen bewachsene Innenhöfe. In diesen angenehm schattigen Patios wird der Blick auf herrliche, mit *zellijes* (Fliesenmosaiken) und Stuck verzierte Innenräume gelenkt. Dort, in der intimen Zurückgezogenheit ihrer Küchen, werden die kulinarischen Traditionen gehütet. Die heute im ganzen Land verbreitete Küche von Fes reklamiert die Urheberschaft einer Vielzahl von Speisen für sich, deren gekonnte Zubereitung auf bedächtigem, sanftem Garen und erlesenen, subtilen Aromen beruht, allen voran die Tagine – benannt nach

LINKS UND OBEN: *Fes ist nach wie vor die Hauptstadt des intellektuellen, religiösen und künstlerischen Lebens in Marokko. In den Gassen der Altstadt verbirgt die Anonymität der hohen Fassaden ehemalige „fondouks“ (Hotels), Moscheen, prunkvolle Medersen (Koranschulen) und luxuriöse Wohnungen.*

Links: *„Seroual" (weite Hose), „tchamir" (langes Hemd) und „djellaba" (langes Gewand mit Kapuze) sind die traditionelle Stadtkleidung des Mannes.*

Rechts: *Der „tarbouche" (Tarbusch), ein roter zylindrischer Hut mit abgeflachtem Fond, wird von Jungen getragen, die noch nicht das Alter für einen Turban erreicht haben.*

dem Tontopf mit spitzem Deckel, in dem sie zubereitet wird –, ein typisches Gericht der Küche von Fes, das oft Pikantes mit Süßem vereint.

Umhüllt von einer üppigen Sauce ruhen Fleisch oder Geflügel unter einem Bett aus Gemüse oder Früchten. Ob Hammel oder Rind, mariniertes oder schlicht gebratenes Fleisch, die Tagines bieten einen schier endlosen Abwechslungsreichtum. Die berühmteste unter ihnen ist die Lamm-Tagine mit getrockneten Pflaumen, ursprünglich ein Festtagsessen. Pikante Gewürze und schwarzer Pfeffer bilden einen reizvollen Kontrast zur Süße der Pflaumen, des Zimts und des Honigs. Die Tauben-B'stila, ein populärer Vertreter auf umfangreicheren Tafeln, kam angeblich mit den Andalusiern nach Fes, ebenso wie die Tagine *tfaïa,* die wahlweise aus Hammel, Huhn oder Rind zubereitet, mit Ingwer, Safran, Koriander, Knoblauch und Zwiebeln gewürzt und mit hart gekochten Eiern und geschälten, gerösteten Mandeln garniert wird. In Fes richten sich die Tagines nach der Jahreszeit. Im Frühling sind die Böden von wilden Artischocken sowie Saubohnen, Erbsen und Kardone beliebte Zutaten, doch auch Tagines mit Früchten wie Quitten, Äpfel, Dörrpflaumen, Datteln und Birnen, die alle hervorragend mit Ingwer harmonieren, sind populäre Varianten.

Fes hat das Raffinement der andalusischen Küche geerbt. Davon zeugt eine ganze Reihe von Rezepten: der pikant-süße Couscous mit Huhn, Zwiebeln, Kichererbsen und Honig; Huhn oder Taube gefüllt mit einem Couscous aus Mandeln, Korinthen, Zwiebeln und Honig oder auch Couscous mit Kürbis und Rosinen. *Khlii* ist eine Art Confit aus Lamm-, Rind- oder Dromedarfleisch und wurde früher in allen größeren Häusern einmal jährlich hergestellt. Mit Linsen oder Zucchini serviert, über Eier zerbröckelt oder mit Tomatensauce, ersetzt es in einem Couscous zuweilen auch frisches Fleisch. Das in der Sonne getrocknete und in Streifen geschnittene Fleisch wird zum Entsalzen über Nacht gewässert. Dann wird das Fett mit Salz eingerieben und anschließend gehackt. Das Fleisch vermengt man mit zerdrücktem Knoblauch, Koriander und Kümmel und bringt es mit Wasser bedeckt zum Kochen. Insgesamt muss es etwa vier Stunden kochen, bis sämtliche Flüssigkeit verdampft ist. Am Ende der Garzeit wird Olivenöl hinzugefügt. In Gläser gefüllt und mit zerlassenem Fett versiegelt, hält sich das *khlii* bis zu zwei Jahre. Ein typisches Festtagsessen aus Fes ist die *mruziya,* die zum *aid al kebir* serviert wird. Dieses Gericht aus Lamm, Rosinen, Honig und Mandeln würzt man mit *ras el hanut,* wörtlich übersetzt „das Höchste (der Kopf) des Ladens". Diese mit viel Fingerspitzengefühl zusammengestellte Mischung bester Gewürze variiert von Region zu Region und je nach Geheimrezeptur des Gewürzhändlers. Sie enthält bis zu 27 verschiedene Zutaten, darunter Kardamom, Meleguetapfeffer (Paradieskörner), Muskatnuss und -blüte, Kurkuma, Ingwer. schwarzen Pfeffer, die Frucht der Esche (Flügelnuss), weißen Ingwer, süßen und scharfen Paprika, aber auch Ceylon-Zimt, Kubekenpfeffer, Nelke, Curry, Galgantwurzel, Iris, Rosenknospen, Lavendel, Schwarzkümmel und Gummiarabikum.

Esel, Transportmittel Nummer eins in dem Labyrinth der engen Gassen, bepackt mit allen erdenklichen Waren, prägen überall das Bild der Medina, in der noch heute vielfältiges Handwerk zu finden ist: Tischlerei, Herstellung von Metall- und Lederwaren, Töpferei und Stickerei. Auch eine Stärkung findet man praktisch zu jeder Stunde. Auswärts wird gewöhnlich nur ausnahmsweise gegessen, denn abgesehen von den großen Luxusetablissements können nur wenige Restaurants mit dem heimischen Herd konkurrieren. Dennoch kennt man dort die Ansprüche der Marokkaner. Die Köche werden in ihren Buden nicht müde, tadellos frisches Fleisch – trotz der aus unserer Sicht vielleicht etwas „behelfsmäßigen" hygienischen Bedingungen – oder eine besonders üppige Tagine anzubieten. Die Stände bieten *bissara*, einen Dip aus dicken Bohnen; Kichererbsen mit Kreuzkümmel und Paprika; Blattsalate mit großen Zwiebelringen bedeckt; hart gekochte Eier mit Salz und Kreuzkümmel, Hammelköpfe, Kalbsfüße – allesamt typische Spezialitäten der Straßenküche. Auf metallenen Holzkohlegrills liegen Reihe an Reihe mit Kreuzkümmel eingeriebene

Fleischspieße, die in eine halbe *kesra* gesteckt werden, damit nichts von dem würzigen Aroma verloren geht. Auf den *kanun* köcheln die Tagines, deren Duft sich mit dem von Minze vermischt. Handkarren ziehen vorbei, beladen mit Früchten, Gemüse, Nougat und Süßigkeiten, andere ächzen unter der Last der schweren Schmortöpfe, voll gefüllt mit Schnecken in einer köstlich würzigen Brühe.

An allen Ecken der Straße verkaufen Frauen *beghir*, Crêpes „mit tausend Löchern", während ein köstlicher Duft knuspriger Krapfen die Nase kitzelt. Im Handumdrehen hat der Krapfenhändler seine *sfenj* hergestellt. Mit raschen, geübten Bewegungen formt er aus einem weißen Teigklumpen einen Kranz, der sich in dem siedenden Fett sogleich aufbläht und eine schöne goldene Farbe annimmt. Mit einem Haken fischt er die fertigen Krapfen aus dem Öl und reiht sie auf einem Palmenfaden aneinander.

LINKS: *Die Paläste, Medersen und Moscheen in Fes stellen ein einzigartiges arabo-andalusisches Kulturerbe dar. Die farbenprächtigen Kacheln, der fein gearbeitete Stuck und die meisterhaft verzierten Holzschnitzereien sind von außergewöhnlichem kunsthandwerklichem Wert.*

OBEN: *„Koumiya", ein gebogener Dolch in einer silbernen Scheide, ist ein Schmuckstück des Mannes und dient eher als Statussymbol denn als Waffe. Er wird immer an der linken Seite getragen.*

Fes el Bali, das alte Zentrum der Stadt, beherbergt eine Vielzahl nach Warenzweigen angeordnete Souks. An einer der geschäftigsten Straßen der Medina befindet sich der Souk el Attarine, wo die satten Farben und der aromatische Duft der Gewürze die Sinne berauschen. Die lose zu Pyramiden aufgeschichteten Gewürzpulver werden nach Gewicht verkauft. Man findet dort auch Henna und den kajalähnlichen „khôl", der den Blick der Frauen unterstreicht.

GEGENÜBERLIEGENDE SEITE: *Zimt wird zumeist als wohlriechende Rinde angeboten.*

القسارية
لقديمة

Nach diesem Rezept lässt sich auch anderes Gemüse zubereiten, so zum Beispiel gekochte und in Würfel geschnittene Rote Beten; unter das Dressing rührt man zusätzlich einen Esslöffel weißen Essig. Auch geschälte und geriebene Gurken liefern mit etwas Thymian und Essig eine schmackhafte Variante.

OBEN: *Die reiche Auswahl an frischem Obst und Gemüse, die das ganze Jahr das Angebot der Märkte bestimmt, ist einer der großen Vorzüge der marokkanischen Küche.*

Möhren-Orangen-Salat mit Zimtdressing

FÜR 6 PERSONEN
VORBEREITUNG: 30 Minuten
KÜHLZEIT: 2 Stunden

750 g Möhren
3 schöne Orangen
300 g Zucker
1 TL gemahlener Zimt
1 TL Orangenblütenwasser
1 Prise Salz
Einige Minzblättchen

Die Möhren putzen und reiben.

Zwei Orangen sauber abschälen und das Fruchtfleisch würfeln, die dritte Orange auspressen. In einer Salatschüssel die geriebenen Möhren und Orangenwürfel mit dem Zucker, Zimt, Orangenblütenwasser, Orangensaft und Salz gleichmäßig vermengen. Kalt stellen.

Den Salat mit den Minzblättchen garniert servieren.

Bekkula (Malvenblätter)

Malve gehört botanisch zur selben Familie wie Okra, Hibiscus und Eibisch. Bei uns verwendet man gewöhnlich nur die Blüten für Tee. Auf den marokkanischen Märkten werden Malven im Winter und zum Frühlingsbeginn bundweise angeboten. Nicht minder geeignet für dieses Rezept sind Spinat, Mangold, Brokkoli, ja sogar Grünkohl.

FÜR 6 PERSONEN
VORBEREITUNG: 30 Minuten
GARZEIT: 2 x 15 Minuten

1 kg Malvenblätter
3 Knoblauchzehen
1/2 Bund glatte Petersilie
1/2 Bund Koriandergrün
3 EL Olivenöl
1 TL gemahlener Kreuzkümmel
1/2 TL süßes Paprikapulver
Saft von 1/2 Zitrone

ZUR DEKORATION:
1/2 eingelegte Zitrone
12 grüne Oliven

Die Malvenblätter waschen, Stiele entfernen. Die Blätter mit einem Messer fein hacken. Mit den geschälten Knoblauchzehen etwa 20 Minuten dämpfen. Gut abtropfen lassen.

Die Petersilie und das Koriandergrün waschen und fein hacken.

In einer Pfanne mit schwerem Boden das Olivenöl erhitzen. Die Malvenblätter und den Knoblauch unter Rühren anschwitzen. Die Petersilie, das Koriandergrün und die Gewürze unterrühren und salzen. Bei milder Hitze garen, bis sämtliche Flüssigkeit der Malvenblätter verdampft ist. Mit dem Zitronensaft beträufeln.

Die Bekkula kalt mit Streifen von eingelegter Zitrone und den Oliven garniert servieren.

Tauben-B'stila mit Mandeln

FÜR 8 PERSONEN
VORBEREITUNG: 1 Stunde 30 Minuten
GARZEIT: 1 Stunde 30 Minuten

6 Tauben
500 g Zwiebeln
100 g Butter
Öl
½ TL gemahlener Ingwer
1 Päckchen (etwa 100 mg) Safranfäden
½ TL gemahlener Pfeffer
1 großes Bund glatte Petersilie
1 TL gemahlener Koriander
3 EL gemahlener Zimt
12 Eier
250 g Mandeln
12 Blätter Filoteig
50 g Puderzucker

Die Tauben ausnehmen, waschen und in mundgerechte Stücke zerteilen. Die Zwiebeln schälen und hacken.

In einem Schmortopf ⅔ der Butter, etwas Öl, die Zwiebeln, den Ingwer, Safran und Pfeffer mit 750 ml Wasser vermengen. Die Taubenstücke einlegen, den Topf mit einem Deckel halb verschließen und alles etwa 30 Minuten bei milder Hitze sanft garen.

Die Petersilie waschen und hacken.

Das Fleisch herausheben, den Koriander und 1 Esslöffel Zimt unterrühren. Die Sauce etwas einkochen lassen; nacheinander die Eier hineinschlagen.

Die Sauce weitere 5 Minuten garen, dabei beständig mit einem Holzlöffel umrühren, damit nichts ansetzt.

Den Ofen auf 170 °C vorheizen.

Die Mandeln mit kochendem Wasser überbrühen und anschließend schälen. In einer Pfanne etwas Öl heiß werden lassen, die Mandeln darin rösten, abtropfen lassen und hacken.

Eine Tarteform mit zerlassener Butter einpinseln und mit 5–6 halbierten Teigblättern so auskleiden, dass diese großzügig über den Rand der Form hinauslappen. Zum Bedecken des Formbodens in der Mitte ein ganzes Teigblatt einlegen. Zunächst die Hälfte der gehackten Mandeln, dann die Zwiebel-Eier-Mischung darauf verteilen. Das ausgelöste Taubenfleisch zufügen und mit den restlichen Mandeln abschließen. Die Teigränder überschlagen, mit den restlichen Teigblättern bedecken und großzügig mit der zerlassenen Butter bestreichen. Im Ofen 40–60 Minuten backen.

Zum Servieren auf eine Platte umsetzen.

Zum Dekorieren in der Mitte beginnend abwechselnd Streifen von Puderzucker und restlichem Zimt aufstreuen, die nach außen hin breiter werden.

UNTEN: *Die marokkanische Küche ist eine Domäne der Frauen, ihre Geheimnisse wurden lange Zeit nur mündlich von Mutter zu Tochter weitergereicht. In der verschwiegenen Zurückgezogenheit ihrer Küchen haben die verschiedenen regionalen und familiären kulinarischen Traditionen überdauert.*

GEGENÜBERLIEGENDE SEITE: *Eine knusprige goldgelbe B'stila.*

Zahluk (Auberginenpüree)

FÜR 4 PERSONEN
VORBEREITUNG: 45 Minuten
GARZEIT: 25 Minuten zum Dämpfen der Auberginen plus 15 Minuten zum anschließenden Schmoren

4 Auberginen
Salz
½ Zitrone
2 Knoblauchzehen
3 EL Öl
1 EL Tomatenmark
½ Bund glatte Petersilie
½ Bund Koriandergrün
½ TL süßes Paprikapulver
1 TL gemahlener Kreuzkümmel
½ TL gemahlener weißer Pfeffer
1 Spritzer Zitronensaft

Die Auberginen putzen. In Würfel schneiden und mit 1 Teelöffel Salz, der halben Zitrone und dem geschälten Knoblauch im Dämpfeinsatz 25 Minuten garen.

Die Auberginen über einem Sieb abgießen und alle Flüssigkeit kräftig herauspressen.

In einer Pfanne das Öl und Tomatenmark erhitzen und gut verrühren. Die Auberginenwürfel und den Knoblauch zugeben und unter Rühren etwas einkochen lassen.

Die Petersilie und das Koriandergrün waschen und sehr fein hacken. Sobald sämtliche Flüssigkeit verkocht ist, die Gewürze, gehackten Kräuter und 1 Spritzer Zitronensaft unterrühren.

Kalt servieren. Zur Aufbewahrung in den Kühlschrank stellen.

Die Zitrone verhindert beim Dämpfen, dass sich das Auberginenfleisch dunkel verfärbt. Zudem hilft sie, einen bitteren Brandgeschmack zu vermeiden, der häufig beim Garen im Ofen zurückbleibt.

Zahluk mit Linsen

FÜR 6 PERSONEN
VORBEREITUNG: 15 Minuten
GARZEIT: 25 Minuten

500 g Linsen
Salz, Pfeffer
1 Bund Koriandergrün
1 kleines Bund glatte Petersilie
Olivenöl
4 Knoblauchzehen
1 TL süßes Paprikapulver
1 Prise gemahlener Kreuzkümmel
1 Spritzer Essig

Die Linsen in gesalzenem und gepfeffertem Wasser etwa 15 Minuten kochen.

Das Koriandergrün und die Petersilie waschen und fein hacken.

Sobald die Linsen weich sind, abgießen und unter fließendem kaltem Wasser abspülen. In einer Pfanne etwas Olivenöl erhitzen, die Linsen mit dem durchgepressten Knoblauch anschwitzen. Die Kräuter und das Paprikapulver unterrühren und weitergaren. Mit Kreuzkümmel und einem Spritzer Essig abschmecken.

Die Linsen sollten am Ende der Garzeit von püreeartiger Konsistenz sein.

Zahluk mit Möhren

FÜR 6 PERSONEN
VORBEREITUNG: 15 Minuten
GARZEIT: 30 Minuten

500 g Möhren
4 Knoblauchzehen
1 Bund Koriandergrün
1 kleines Bund glatte Petersilie
1 TL süßes Paprikapulver
1 EL Olivenöl
1 Prise gemahlener Kreuzkümmel
1 Spritzer weißer Essig

Die Möhren putzen und längs halbieren das harte Innere herausschneiden. In Salzwasser mit einer Knoblauchzehe 10 Minuten bei Mittelhitze weich kochen.

Die Möhren abtropfen lassen und mit einer Gabel zerdrücken. Den Knoblauch pürieren und unterrühren. Das Koriandergrün und die Petersilie waschen, fein hacken und mit dem Paprika unter das Möhrenpüree ziehen.

Das Olivenöl in einer Pfanne erhitzen und das Püree kurz darin angehen lassen. Mit dem Kreuzkümmel und einem Spritzer Essig abschmecken.

Zahluk mit Blumenkohl

FÜR 6 PERSONEN
VORBEREITUNG: 10 Minuten
GARZEIT: 30 Minuten

500 g Blumenkohl
1 kleines Bund glatte Petersilie
1 Bund Koriandergrün
Olivenöl
4 Knoblauchzehen
1 TL süßes Paprikapulver
1 Prise gemahlener Kreuzkümmel
1 Spritzer weißer Essig

Den geputzten Blumenkohl dämpfen, bis er weich ist; anschließend mit einer Gabel zerdrücken.

Die Petersilie und das Koriandergrün waschen und fein hacken.

Das Olivenöl in einer Pfanne erhitzen und den geschälten Knoblauch kurz anschwitzen. Den Blumenkohl, Paprika und die gehackten Kräuter zugeben und kurz mitschwitzen. Mit Kreuzkümmel abschmecken und lauwarm oder kalt servieren. Kurz vor dem Servieren mit einem Spritzer Essig abrunden.

GEGENÜBERLIEGENDE SEITE: *Blumenkohlpüree. Eigentlich bezeichnet der Begriff Zahluk in der marokkanischen Küche ausschließlich ein Auberginenpüree, doch eine etwas liberalere Auslegung erlaubt seine Anwendung auch für andere Gemüsepürees.*

Violette Oliven

Oliven mit Kräutern

Olivenangebot auf dem Markt

الزيتون OLIVEN

Die silbrig schimmernden Olivenbäume wachsen in dicht gedrängten Plantagen in den Regionen Marrakesch, Beni Mellal, Agadir und vor allem im Rifgebirge, im Norden des Landes. Die knorrigen, fest verankerten Wurzeln der genügsamen Bäume entnehmen dem kargen, steinigen Boden das Nötige zum Leben. „Heirate ihn, auch wenn er alt ist, er besitzt Olivenbäume in der Ebene", sagt ein arabisches Sprichwort. Die grünen, violetten und schwarzen Oliven – einer der Reichtümer Marokkos – werden im November und Dezember von den Bäumen geschlagen und eingesammelt. Der Großteil der Ernte wird in den Hunderten von Ölmühlen des Landes, den *maasra* (siehe Seite 141), zu Olivenöl verarbeitet. Der Rest landet auf den Souks, wo die Früchte je nach Zubereitung und Verwendungszweck zu Pyramiden aufgeschichtet angeboten werden: Oliven für Tagine oder pikant eingelegt, mit Chilischoten gewürzt, violette Oliven mit herbem Aroma … Auch mit Bitterorangen gewürzte Oliven gehören zum Sortiment. Für ihre Herstellung werden die eingeritzten violetten Oliven mit dem zerdrückten und gesalzenen Fruchtfleisch der Orangen vermengt und mindestens drei Wochen in Wasser eingelegt. Grüne und violette Oliven werden vielfach auch angedrückt und acht Tage lang in täglich erneuertes Wasser gelegt, damit sie ihre Bitterkeit verlieren. Mit kochendem Wasser überbrühte und in Salz eingelegte schwarze Oliven geben mehrere Wochen lang einen schwärzlichen Saft ab. Anschließend gewaschen, in der Sonne getrocknet und in Öl eingelegt, halten sie sich sehr lange.

In der Sonne getrocknete Oliven

Schwarz, grün oder dunkelviolett, mit getrockneten Kräutern oder Chili gewürzt oder mit Bitterorangen eingelegt, die Vielfalt der auf den Märkten angebotenen Olivensorten ist groß.

Chekchuka

FÜR 4 PERSONEN
VORBEREITUNG: 30 Minuten
GARZEIT: 30 Minuten

4 grüne Paprikaschoten
4 Tomaten
1 Knoblauchzehe
1 EL Erdnussöl
Salz
1/2 Bund Koriandergrün
1/2 Bund glatte Petersilie
1 TL gemahlener Kreuzkümmel
1/2 TL süßes Paprikapulver
1 EL Olivenöl

Die Paprikaschoten waschen und sorgfältig trockentupfen. Unter dem Backofengrill unter regelmäßigem Wenden von allen Seiten rösten, bis die Haut rundherum gleichmäßig schwarz ist. Die Haut abziehen, Samen entfernen und das Fruchtfleisch würfeln. Die Tomaten mit kochendem Wasser überbrühen, enthäuten und in Würfel schneiden. Den Knoblauch schälen und durchpressen.

In einer Pfanne mit schwerem Boden das Erdnussöl erhitzen. Den Knoblauch und die Tomatenwürfel hineingeben, salzen und so lange schmoren, bis sämtliche Flüssigkeit verdampft ist.

Den Koriander und die Petersilie waschen und hacken. Die Paprikawürfel in die Tomatenmischung geben und weiter schmoren lassen.

Sobald die Mischung von homogener Konsistenz ist, den Koriander, die Petersilie, den Kreuzkümmel, das Paprikapulver und das Olivenöl unterrühren. Weitere 5 Minuten garen; abschmecken. Kalt servieren.

Paprika-Tomaten-Salat

FÜR 6 PERSONEN
ZUBEREITUNG: 30 Minuten

2 grüne Paprikaschoten
Schale von 1/2 eingelegten Zitrone
4 große Tomaten, enthäutet und gewürfelt
1 Knoblauchzehe
1 TL gehackte Petersilie
2 EL Olivenöl
1 EL frisch gepresster Zitronensaft
1/2 TL gemahlener Kreuzkümmel
Salz

Die Paprikaschoten unter dem Backofengrill rundherum schwarz rösten. Die Haut abziehen, Samen entfernen und das Fruchtfleisch würfeln. Die Zitronenschale in feine Streifen schneiden. In einer Salatschüssel die Tomaten- und Paprikawürfel, den durchgepressten Knoblauch, die Petersilie, das Olivenöl, den Zitronensaft, gemahlenen Kreuzkümmel und Salz gründlich vermengen. Mit den Zitronenstreifen garnieren und servieren.

Grüner Salat mit Orangen

FÜR 4 PERSONEN
ZUBEREITUNG: 20 Minuten

1 Kopf knackiger grüner Salat
(vorzugsweise Römischer Salat)
3 Orangen
Saft von 1/2 Zitrone
1 TL Orangenblütenwasser
1 Prise Salz
2 EL Zucker
1 TL Erdnussöl

Den Salat waschen, abtropfen lassen und in Streifen schneiden. Zwei Orangen sauber schälen und in Scheiben schneiden, die dritte auspressen.

Die Salatstreifen mit den Orangenscheiben in einer Schüssel vermengen. Die restlichen Zutaten verrühren und über den Salat geben.

Für diesen Salat kann man anstelle des Blattsalats genauso gut einen geschälten und in dünne Scheiben geschnittenen Rettich nehmen.

Briuats mit Käsefüllung und Pistazien

ERGIBT 12 STÜCK
VORBEREITUNG: 30 Minuten
GARZEIT: 5 Minuten auf jeder Seite

150 g Schafskäse
2 TL Olivenöl
1 Prise Zucker
Frisch gemahlener Pfeffer
4 Blätter Filoteig
Pflanzenöl zum Frittieren
50 g gehackte Pistazien

Den Schafskäse in einer Schüssel zerdrücken. Das Olivenöl, den Zucker und Pfeffer vorsichtig untermengen, sodass die Farce nicht zu fein wird.

Die Filoteigblätter auf der Arbeitsfläche ausbreiten und mit der Farce (wie auf Seite 37 beschrieben) zu Briuats verarbeiten.

Die Käsetäschchen in dem heißen Pflanzenöl von beiden Seiten in je etwa 5 Minuten goldgelb frittieren. Die Briuats abtropfen lassen, mit den fein gehackten Pistazien bestreuen und heiß servieren.

Briuats mit Hackfleischfüllung

FÜR 6 PERSONEN
VORBEREITUNG: 1 Stunde
GARZEIT: 15 Minuten

3 Zwiebeln
1 Bund Petersilie
1 Zweig Koriandergrün
500 g Hackfleisch
100 ml Öl
6 Eier
1 TL gemahlener Zimt
1 Prise Safran
1 TL gemahlener Pfeffer
1 TL Salz
12 Blätter Filoteig
Öl zum Frittieren

Die Zwiebeln schälen und hacken. Die Petersilie und das Koriandergrün waschen und hacken.

Ein Drittel der gehackten Zwiebeln mit dem Hackfleisch, dem Koriander und der Hälfte der Petersilie gründlich vermengen.

In einer Kasserolle die 100 ml Öl erhitzen. Die restlichen Zwiebeln darin anschwitzen und die restliche Petersilie unterrühren.

Die Hitze reduzieren und nach und nach die Eier in die Kasserolle schlagen. Unter ständigem Rühren mit einem Holzlöffel etwa 20 Sekunden garen. Die vorbereitete Farce zugeben und mit dem Zimt, Safran, Pfeffer und Salz würzen. Die Masse unter Rühren 8–10 Minuten sanft weitergaren, bis eine homogene Farce entstanden ist. Nicht übergaren.

Die Filoteigblätter mit der Farce wie beschrieben zu Briuats verarbeiten und goldgelb ausbacken.

Da an den meisten Küchen die Errungenschaften der modernen Zeit vorbeigegangen sind, bleiben die Frauen der altbewährten Tradition treu. Mit geübter Hand kneten sie jeden Morgen das Brot und bereiten fingerfertig köstliches Gebäck.

Briuats füllen und falten

Ein Blatt Filoteig auf der Arbeitsfläche ausbreiten und halbieren, sodass zwei Halbkreise entstehen. Die Halbkreise der Länge nach in zwei Streifen schneiden.

Einen Teelöffel Füllung an den unteren Rand des Teigrechtecks setzen. Die untere Teigecke schräg so darüber schlagen, dass ein Dreieck entsteht.

Entsprechend weiterfalten, bis nur noch ein schmaler Teigrand übrig ist. Dabei das Teigdreieck nicht zu fest wickeln. Den Teigrand nach innen einschlagen, damit sich das Täschchen während des Frittierens nicht öffnet.

Die Briuats in heißem Pflanzenöl ausbacken.

Das Falten der Briuats ist eine Arbeit, die etwas Geduld erfordert. Die gewöhnlich dreieckigen Teigtäschchen lassen sich ebenso zu rechteckigen Paketchen, die an den schmalen Seiten versiegelt werden, oder auch zu kleinen Röllchen formen.

Grießsuppe mit Anis

FÜR 8 PERSONEN
VORBEREITUNG: 10 Minuten
GARZEIT: 30 Minuten

250 g Weizengrieß
1 l Milch
1 TL gemahlener Anis
Salz nach Belieben

In einer Kasserolle 1 Liter Wasser zum Kochen bringen. Den Grieß einstreuen; dabei ständig rühren, damit sich keine Klümpchen bilden. Aufkochen und 15 Minuten garen. Die Milch und den Anis zugeben und weitere 5 Minuten köcheln lassen. Je nach Geschmack mit 1 Esslöffel Orangenblütenwasser und 1 Esslöffel Puderzucker abrunden.

OBEN: *In Marokko unter dem Namen „bec bec" bekannt, wird Anis hauptsächlich wegen seiner Heilwirkung geschätzt. Gemahlen ist er sehr aromatisch und hat eine verdauungsfördernde Wirkung.*

Minzsuppe mit Kümmel

FÜR 8 PERSONEN
VORBEREITUNG: 30 Minuten
GARZEIT: 15 Minuten

Diese Suppe wird auf die gleiche Weise wie die Harira (siehe Seite 40) zubereitet. Die Zutaten sind identisch, außer dass das Koriandergrün durch ein Bund Minze ersetzt wird und man zusätzlich 1 Prise Gummiarabikum (siehe Seite 183) und 1 Teelöffel Kümmel hinzufügt.

Die Suppe wird im Sommer am Morgen des *aid al kebir* zu gedämpftem Lammkopf serviert. Sie ist sehr erfrischend und hat eine verdauungsfördernde Wirkung.

GEGENÜBERLIEGENDE SEITE: *Der ursprünglich aus Asien stammende Kümmel wird häufig mit Kreuzkümmel verwechselt. Sein bitter-herbes Aroma ähnelt aber eher dem von Anis. Kümmel wird zum Würzen von Suppen und Brot verwendet.*

Harira

Diese Suppe wird traditionell während des Ramadan zum allabendlichen Fastenbrechen serviert. Harira ist recht nahrhaft und hat zahlreiche Varianten, etwa mit getrocknetem oder frischem Gemüse, mit Rindfleisch, Hühnerflügel, Leber, Geflügelmägen und bisweilen mit Mehl gebunden. Zu bestimmten Gelegenheiten wird die Harira auch zum Frühstück gegessen, so zum Beispiel am Morgen nach einem Fest.

FÜR 8 PERSONEN
VORBEREITUNG: 30 Minuten
GARZEIT: 1 Stunde 30 Minuten

1 große Zwiebel
100 g getrocknete Kichererbsen, über Nacht eingeweicht
½ Bund Petersilie
1½ Bund Koriandergrün
Öl
500 g Geflügelklein oder Suppenfleisch vom Rind, in Würfel geschnitten
½ TL gemahlener Ingwer
2 Zimtstangen
1 Prise Safran
1 TL gemahlener Pfeffer
1 EL Salz
100 g Linsen, kurz blanchiert, damit sie ihre braune Farbe abgeben
4 EL Mehl
1 EL Tomatenmark
100 g Reis oder Vermicelli

Die Zwiebel schälen und hacken. Die Kichererbsen abtropfen lassen, die Petersilie und das Koriandergrün waschen und hacken.

In einer Kasserolle das Öl erhitzen und die Zwiebeln und das Fleisch anschwitzen. Die Gewürze zugeben, mit 1 Liter Wasser auffüllen, die Petersilie, ⅔ des Koriandergrüns und die Kichererbsen hinzufügen und 1 Stunde garen. Anschließend die Linsen unterrühren.

Inzwischen die *teduoira* zubereiten, die zum Binden der Suppe dient: Das Mehl in 1 Liter kaltem Wasser auflösen; das Tomatenmark und restliche Koriandergrün untermengen. Den Reis oder die Vermicelli in die Suppe geben und langsam unter ständigem Rühren die *teduoira* einrühren, bis der sich an der Oberfläche bildende Schaum verschwunden ist.

Die Harira mit Datteln und frischem Zitronensaft als Beigaben servieren.

Sobald die Sirenen erklingen, um während des Ramadan das allabendliche Fastenbrechen zu verkünden, erscheint auf jedem Tisch des Königreichs eine dampfende Schüssel Harira. Die Vorherrschaft in dieser sättigenden und zutatenreichen Suppe haben Trockengemüse.

Harira nach Art von Ouezzane

Ouezzane liegt im Nordwesten Marokkos am Fuße des Rifgebirgsmassivs, wo Wein, Oliven und Feigen angebaut werden. Es ist eine Stadt mit reicher Kulturgeschichte und fest verwurzelten Traditionen. Die Schorfas von Ouezzane (Abkömmlinge Mohammeds) gehören zu den ältesten Familien Marokkos. In Ouezzane liegt auch ein in der ganzen Welt bekannter Wallfahrtsort der Juden, ein großer Friedhof mit dem Grab des Rabbi Amrane von Ouezzane.

FÜR 6 PERSONEN
VORBEREITUNG: 30 Minuten
GARZEIT: 1 Stunde 30 Minuten

2 große Zwiebeln
250 g Suppenfleisch vom Rind, gewürfelt
1 EL Öl
1 EL Salz
100 g Linsen
1 Bund Koriandergrün
1/2 Bund Petersilie
1/2 Wirsingkohl
100 g frische Saubohnen
1/2 TL gemahlener Pfeffer
1 Prise Safran oder
1 TL gemahlene Kurkuma
4 weiße Rüben, geschält und gewürfelt

FÜR DIE *TEDUOIRA*:
4 EL Mehl
1 l Wasser
1 EL Tomatenmark (nach Belieben)

Die Zwiebeln schälen und hacken. Zusammen mit dem Fleisch, Öl und Salz in einen großen Topf geben und mit 1 Liter kaltem Wasser auffüllen. Zum Kochen bringen und 20 Minuten garen.

Die Linsen 5 Minuten blanchieren, damit sie ihre braune Farbe abgeben; abtropfen lassen. Das Koriandergrün und die Petersilie waschen und hacken. Die Kohlblätter 5 Minuten blanchieren und in Streifen schneiden.

Die Saubohnen mit den Gewürzen, dem Koriandergrün, der Petersilie, den Linsen und 1/2 Liter kochendem Wasser zu dem Fleisch geben, gut verrühren und alles 15 Minuten kochen lassen. Die Kohlstreifen und gewürfelten Rüben unterrühren.

Inzwischen die *teduoira* zubereiten. Das Mehl mit dem Wasser und dem Tomatenmark, falls verwendet, mit einem Schneebesen gründlich verrühren.

Die Mischung nach und nach unter stetigem, langsamem Rühren in die Suppe gießen und weitergaren, bis der sich bildende weiße Schaum verschwunden ist.

Die Suppe in Schalen füllen und mit frischem Zitronensaft und Feigen servieren.

GEGENÜBERLIEGENDE SEITE: *Das runde, selbst gebackene und in dreieckige Stücke geschnittene Fladenbrot ist bei jedem Mahl gegenwärtig und auch ein Symbol des Teilens und der Geselligkeit.*

لوازم الطبخ نحاسية صفراء

METALLHANDWERK

Auf den großen Märkten in Fes und Marrakesch verrät metallisches Hämmern, ein Klang mühevoller körperlicher Arbeit, das Viertel der Messing- und Kupferschläger. In der glühenden Hitze bearbeiten sie rotbraunes Kupfer, goldgelb schimmerndes Messing – eine Mischung aus Kupfer und Zink – und Neusilber, eine Kupfer-Nickel-Zink-Legierung.

Riesige Kessel nehmen Gestalt an unter den rhythmischen Schlägen ihrer Hämmer, die das Metall unermüdlich bearbeiten. Eines Tages wird in ihnen das Hammelfleisch für einen Festschmaus schmoren.

Die geschickten Hände der Messingschläger fertigen zahllose kunstvolle Gegenstände: funkelnde, mit geometrischen Ornamenten oder Blumenmustern verzierte Teller, bauchige Teekannen mit spitzen Deckeln, Holzkohlepfannen mit bogen- oder zackenförmigen und filigran durchbrochenen Seiten, Räucherfässchen mit eingestanzten islamischen Motiven, Handwaschbecken mit zwei Böden aus gelblichem Kupfer und die dazugehörige elegante Kanne mit langer, spitz zulaufender Tülle, Zuckertöpfe und vieles mehr. Die Verzierungen werden vor dem Treiben des Metalls mit der Graviernadel eingebracht; doch die schönsten Stücke werden mit Stiletten ziseliert, geführt von den Händen wahrer Künstler.

Ob reich verziert mit islamischem Dekor oder schlicht und schmucklos – runde Kupferteller gehören in jeden marokkanischen Haushalt.

Das Handwaschbecken und die dazugehörige elegante Kanne aus Kupfer oder Britanniametall werden noch immer vor und nach den großen traditionellen Festessen verwendet.

Samoware, Kannen, Teller, Kerzenleuchter ..., Messingwaren sind aus marokkanischen Haushalten nicht wegzudenken.

Kupfer, das edelste Metall nach Gold und Silber, wird für die konisch zulaufenden Deckel verwendet, die an Feiertagen die Tagines warm halten oder das runde Fladenbrot vor dem Staub schützen.

Frisch und von der Sonne verwöhnt: Das Gemüse in Marokko ist so köstlich, dass es häufig als eigenständiges Gericht, aber auch als Bestandteil von Tagines in den unterschiedlichsten Varianten auf den Tisch kommt.

Tagine mit Rüben und Linsen

FÜR 6 PERSONEN
VORBEREITUNG: 15 Minuten
GARZEIT: 1 Stunde 30 Minuten

1 Zwiebel
250 g Schmorfleisch vom Rind
2 EL Öl
2 Knoblauchzehen, durchgepresst
1/2 Bund Petersilie, gehackt
1/2 Bund Koriandergrün, gehackt
1 TL gemahlener Kreuzkümmel
1/2 TL süßes Paprikapulver
1 Prise Safran
Salz
500 g grüne Linsen
1 kg weiße Rübchen

Die Zwiebel schälen und hacken. Das Fleisch würfeln.

In einer Tagine oder einem Schmortopf das Öl erhitzen, Fleisch, Zwiebel und Knoblauch anschwitzen und mit 1/2 Liter heißem Wasser auffüllen. Die Kräuter und Gewürze zugeben, den Deckel aufsetzen und alles bei mittlerer Hitze 75 Minuten garen.

Inzwischen die Linsen blanchieren, abgießen und unter fließendem kaltem Wasser gründlich abspülen. Die Rübchen schälen und in Würfel schneiden.

Kurz bevor das Fleisch gar ist, die Linsen und Rübchen einrühren und 15 Minuten mitgaren.

Dieses Gericht lässt sich auch fleischlos oder mit Enten-Confit zubereiten. Achten Sie darauf, dass beim Garen nicht zu viel Flüssigkeit verkocht.

Gemüse-Tagine

FÜR 4 PERSONEN
VORBEREITUNG: 30 Minuten
GARZEIT: 30 Minuten

1 große Zwiebel, in Ringe geschnitten
2 EL Olivenöl
3 Kartoffeln, geschält und geviertelt
2 Zucchini, längs in Scheiben geschnitten
2 Tomaten, in dicke Scheiben geschnitten
2 Möhren, längs in Scheiben geschnitten und blanchiert
1 Bund Petersilie, grob gehackt
1 Bund Koriandergrün, grob gehackt
1 Prise Thymian
1 TL Salz
1 TL gemahlener Pfeffer
1 TL gemahlener Kreuzkümmel

Die Tagine-Pfanne oder eine andere hitzebeständige Form mit dem Öl ausstreichen und die Zwiebelringe gleichmäßig einlegen. In aufeinander folgenden Lagen die vorbereiteten Kartoffeln, Zucchinischeiben, Tomaten und blanchierten Möhren einschichten.

Das Gemüse mit der Petersilie, dem Koriandergrün und Thymian bestreuen und mit Salz, Pfeffer und Kreuzkümmel würzen.

Die Form mit einem Deckel verschließen und alles bei milder Hitze garen. Die Zugabe von Wasser ist nicht nötig, da die Zwiebeln und Tomaten genügend Flüssigkeit abgeben.

Ersatzweise können Sie für dieses Rezept, wie oben auf dem Bild gezeigt, auch blanchierte Blumenkohlröschen verwenden.

Lamm-Couscous mit Honig und Rosinen

FÜR 8 PERSONEN
VORBEREITUNG: 30 Minuten
GARZEIT: 1 Stunde 30 Minuten

700 g Lammschulter, in Stücke zerteilt
5 EL Erdnussöl
100 g Zwiebeln, gehackt
Salz, Pfeffer
1 Prise Safran
1 gestrichener TL gemahlener Ingwer
500 g feiner Couscous

FÜR DIE GARNITUR:
4 EL Öl
300 g Zwiebeln
1 große Prise gemahlener Zimt
5 EL Honig
250 g Rosinen

Das Fleisch, Erdnussöl und Zwiebeln in den unteren Teil eines Couscoussier oder Dämpftopfs geben, salzen und $^{1}/_{2}$ Liter Wasser zugießen. Zum Kochen bringen, den Safran, Ingwer und etwas Pfeffer unterrühren und garen, bis das Fleisch weich ist. Bei Bedarf etwas Flüssigkeit nachgießen.

Den Couscous zubereiten (siehe Rezept Seite 150).

Für die Garnitur in einem Schmortopf das Öl erhitzen und die geschälten und in Streifen geschnittenen Zwiebeln anschwitzen. Salzen und den Zimt und Honig zugeben. Unter Rühren 30 Minuten sanft köcheln lassen. Darauf achten, dass die Zwiebeln nicht zerfallen. 5 Minuten vor Ende der Garzeit die Rosinen einrühren.

Den fertigen Couscous auf einer Platte zu einem Kranz aufschichten, das Fleisch in der Mitte einfüllen und mit der Zwiebelsauce überziehen. Mit etwas Zimtpulver bestreuen und servieren. Separat dazu Puderzucker und Schalen mit kalter Milch reichen.

Anstatt mit Lammfleisch wird dieser Couscous bisweilen auch mit Geflügelinnereien (von 6 Hähnchen) zubereitet.

Couscous mit Milch, Rübchen und Saubohnen

FÜR 8 PERSONEN
VORBEREITUNG: 30 Minuten
GARZEIT: 1 Stunde

1 kg mittelfeiner Couscous
500 g weiße Rübchen
500 g Saubohnen
1 Bund Koriandergrün
1 Prise Safran
Salz, Pfeffer
1 l Milch
1 EL Olivenöl
100 g weiche Butter

Den Couscous zubereiten (siehe Rezept Seite 150).
Die Rübchen schälen, die Saubohnen ebenfalls schälen, falls die Haut hart ist. Den Koriander waschen und grob hacken.

Die Rübchen und Saubohnen mit dem Koriander, Safran, Salz und Pfeffer und $^{1}/_{2}$ Liter Wasser 30 Minuten kochen lassen. Die Milch aufkochen und kurz vor Ende der Garzeit zu dem Gemüse geben.

Mit einer Gabel Olivenöl und Butter unter den Couscous rühren. Den Couscous auf einer Platte zu einem Kranz aufschichten und das Gemüse in der Mitte anrichten.

GEGENÜBERLIEGENDE SEITE: *Bei einem Couscous thronen Fleisch und Sauce immer in der Mitte, umrandet von einem Kranz aus Couscous-Grieß. Festtagsgerichte verbinden häufig Fleisch und Früchte. Honig ist ein unerlässlicher Bestandteil der süßlich-pikanten Zubereitungen.*

عيد الأضحى

AID AL KEBIR

Der *aid al kebir* markiert das Ende der rituellen Pilgerfahrt nach Mekka und wird überall, ob in den Städten oder auf dem Land, jedes Jahr gefeiert. Dieser islamische Feiertag erinnert an die Geschichte Abrahams, dessen Sohn Ismael dem Opfertod durch seinen eigenen Vater entging, als Allah jenem einen Hammel sandte. Schon Tage im Voraus ist man allerorts mit den Vorbereitungen des Fests beschäftigt: Ein Hammel muss gekauft werden, in den Häusern herrscht Großreinemachen, und am Feiertag selbst schminken sich die Frauen mit Henna. Am Morgen des großen Tages wird dem Hammel in Anwesenheit der ganzen Familie die Kehle durchgeschnitten. Die sehr beliebten Innereien wandern gleich auf den Grill. Die Frauen bereiten Leberspieße und den berühmten *bulfaf,* mit Bratfett eingeriebene und gegrillte Leber. Dazu gibt es verschiedene Salate und ein Glas Minztee. Das restliche Fleisch wird erst am folgenden Tag zubereitet und gegessen, hauptsächlich in Tagines, am Spieß gebraten oder als *meschwi.* Ein für den *aid al kebir* typisches Gericht ist die *mruziya* mit Hammelfleisch, Rosinen, Mandeln und *ras el hanut,* einer speziellen Gewürzmischung. Das beim Fest übrig gebliebene Fleisch wird konserviert.

OBEN: *Das schneebedeckte Atlasgebirge, dessen Bewohner im Winter in nahezu völliger Autarkie von ihren Erntevorräten leben.*

GEGENÜBERLIEGENDE SEITE: *Dieses typische Gericht des „aid al kebir", das ein wenig an ein Confit erinnert, wurde früher in glasierte Steingutgefäße gefüllt, mit eingefettetem Papier bedeckt und hielt sich monatelang.*

Mruziya

(Dieses Gericht wird am Tag nach dem *aid al kebir* zubereitet.)

FÜR 6 PERSONEN
VORBEREITUNG: 30 Minuten
GARZEIT: 50 Minuten

2 Knoblauchzehen
1 TL gemahlener Ingwer
2 TL *ras el hanut* (Gewürzmischung, im Fachhandel erhältlich)
1 TL gemahlener Pfeffer
1 Lammschulter mit Knochen, in Stücke zerteilt
300 g Zwiebeln, gehackt
1 Päckchen (100 mg) Safranfäden
150 ml Olivenöl
3 EL Honig
200 g Rosinen
150 g Mandeln, geröstet

Den Knoblauch schälen und hacken. In einer Schüssel mit dem Ingwer, *ras el hanut* und dem Pfeffer vermengen, 1/2 Glas Wasser zugießen und gründlich zu einer zähflüssigen Paste verrühren. Das Fleisch gleichmäßig in der Paste wenden.

Das Fleisch in einen Schmortopf aus Steingut oder Glas geben, die gehackten Zwiebeln, den Safran und das Olivenöl zugeben und mit Wasser bedecken.

Das Fleisch bei mittlerer Hitze 35–40 Minuten garen bis es zart ist.

Das Fleisch herausheben, den Honig und die Rosinen unter die Sauce rühren und karamellisieren lassen. Das Fleisch darin nochmals kurz erhitzen. Auf einer Platte mit den gerösteten Mandeln bestreut servieren.

Die helle Wolle der Schafe wird nur im Frühling geschoren. Die gewaschene, sortierte und mit einem einfachen Werkzeug gekrempelte Wolle wird anschließend von den Berberfrauen gesponnen und auf altertümlich anmutenden Webstühlen Reihe für Reihe im Takt des eisernen Kamms gewebt. Auf diese Weise entstehen warme Decken, flauschige Teppiche, „djellabas" (lange Gewänder mit Kapuze) und wärmende Umhänge für den Winter.

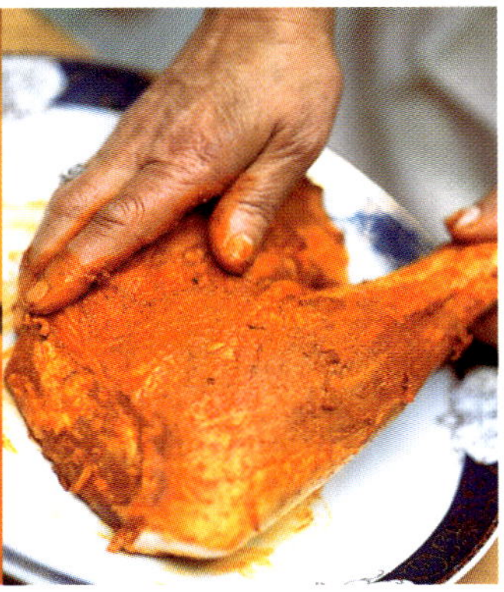

OBEN: *Ob in Stücke geschnitten und in einer Tagine geschmort oder im Ganzen am Spieß als „meschwi" gebraten, Lamm ist mit Abstand das beliebteste Fleisch im gesamten Maghreb. Richtig gegart, sollte es sich mühelos mit den Fingern zerteilen lassen.*

Lammschulter M'hammar

FÜR 6 PERSONEN
VORBEREITUNG: 30 Minuten
GARZEIT: 2 Stunden

1 Lammschulter
2 große Zwiebeln
2 Knoblauchzehen
1 Bund Petersilie
1/2 Bund Koriandergrün
2 TL süßes Paprikapulver
1 TL gemahlener Kreuzkümmel
1 TL gemahlene Kurkuma
1 EL Salz
5 EL Olivenöl
1/2 EL Tomatenmark

Bitten Sie Ihren Schlachter, den Knochen der Lammschulter in gleichmäßigen Abständen an fünf Stellen zu durchtrennen, das Fleisch aber am Stück zu lassen.

Die Zwiebeln schälen und hacken. Den Knoblauch schälen, die Petersilie und den Koriander waschen und hacken.

Den Knoblauch, die Zwiebeln, Petersilie, Koriander, Paprika, Kreuzkümmel, Kurkuma und Salz in einen Schmortopf geben. 1/2 Liter kaltes Wasser zugießen und alles gründlich vermengen. Das Fleisch gleichmäßig in der Mischung wenden und zum Kochen bringen. Zugedeckt 1 1/2 Stunden garen, dabei die Lammschulter mehrmals wenden. Das Fleisch, sobald es sich vom Knochen löst, herausnehmen. Das Olivenöl erhitzen, das Tomatenmark darin zerlassen und die Lammschulter mit der Mischung einreiben.

In der Zwischenzeit die Sauce einkochen lassen.

Die Schulter im Ganzen auf einem *taus* oder einer anderen großen runden Platte anrichten und mit der üppigen gelben Sauce überziehen. Dazu passen *pommes soufflées* (in Scheiben geschnittene, blanchierte und anschließend in Fett ausgebackene Kartoffeln).

Wenn Sie einen Braten mit einer Mischung aus Olivenöl und Tomatenmark einreiben, erhält das Fleisch eine besonders kräftige Farbe. Eine Lammkeule vor dem Braten mit dieser Mischung eingerieben, bekommt eine schöne knusprige Kruste.

Hähnchen-Tagine M'hammar

Dieses Gericht kann man mit halbierten, hart gekochten Eiern, frittierten Kartoffelscheiben oder gerösteten Mandeln garnieren.

FÜR 4 PERSONEN
VORBEREITUNG: 30 Minuten
GARZEIT: 1 Stunde

1 Hähnchen, in 4 Stücke zerteilt
2 große Zwiebeln, gehackt
3 Knoblauchzehen, gehackt
1 Bund Koriandergrün, gehackt
1 TL gemahlener Ingwer
1 TL süßes Paprikapulver
2 Prisen Safran
1 TL gemahlener Kreuzkümmel
1 TL gemahlene Kurkuma
125 ml Erdnussöl
125 g Butter

In der Tagine oder in einem Schmortopf die Zwiebeln, den Knoblauch, sämtliche Kräuter und Gewürze mit der Hälfte des Erdnussöls und der Butter vermengen. Die Zutaten gründlich verrühren und die Hähnchenteile darin wenden. Mit kaltem Wasser bedecken und bei großer Hitze zum Kochen bringen. Nach dem Aufkochen die Geflügelstücke wenden, nochmals aufkochen, die Hitze reduzieren und bei geschlossenem Deckel sanft köcheln lassen. Das Fleisch, sobald es gar ist, herausheben und die Sauce einkochen lassen.

Inzwischen in einer Pfanne die restliche Butter und das restliche Öl erhitzen und die Hähnchenstücke darin rösten.

Das Fleisch in der Tagine oder auf einer Platte anrichten, mit der Sauce überziehen und servieren.

Gefüllte Stubenküken

FÜR 4 PERSONEN
VORBEREITUNG: 30 Minuten
GARZEIT: 30 Minuten

- 2 Stubenküken (je 500 g)
- 2 Geflügellebern
- 1 EL Reis
- 1 Bund Petersilie, gehackt
- 3 Knoblauchzehen
- 1 Bund frische Minze
- 2 EL Olivenöl
- ½ TL gemahlener Kreuzkümmel
- ½ TL scharfes Paprikapulver
- Salz
- ½ TL frisch gemahlener Pfeffer
- 2 EL Thymian

Die Stubenküken waschen und trockentupfen, die Geflügellebern hacken. Den Reis waschen und abtropfen lassen.

Den Knoblauch schälen und in Scheiben schneiden. Die Minze waschen, 4 Blätter abnehmen und hacken.

Für die Füllung in einer Schüssel den Reis, die Petersilie, gehackte Minze, den Knoblauch, die Geflügellebern, das Öl, Kreuzkümmel, Paprika und Salz gründlich vermengen. Die Vögel mit der Farce füllen.

Den Boden eines Couscoussier oder eines Topfes mit Dämpfeinsatz mit Wasser füllen, Salz sowie den Pfeffer und Thymian zugeben. Die gefüllten Junghähne in den Dämpfeinsatz des Gargefäßes legen und zugedeckt etwa 30 Minuten dämpfen.

Die fertigen Vögel der Länge nach aufschneiden, sodass die Füllung sichtbar wird; auf einem Bett Minze anrichten und servieren.

Die Stubenküken werden nicht tranchiert, sondern lediglich der Länge nach aufgeschnitten, um die Füllung zu entnehmen. Gehen Sie sparsam mit dem Kreuzkümmel um, da er leicht vorschmeckt.

Lamm-Tagine mit süßen Zwiebeln

FÜR 8 PERSONEN
VORBEREITUNG: 30 Minuten
GARZEIT: 45 Minuten

1 kg Lammschulter ohne Knochen
200 ml Olivenöl
1 TL gemahlener Ingwer
1 Päckchen (100 mg) Safranfäden
1/2 TL Salz
1/2 TL frisch gemahlener Pfeffer
1,5 kg Zwiebeln
2 EL flüssiger Honig
2 EL Zucker
1 EL gemahlener Zimt

GEGENÜBERLIEGENDE SEITE: *Die süße Milde der Quitten und des Honigs bildet einen reizvollen Kontrast zum intensiven Safranaroma.*

Das Fleisch waschen, trockentupfen und in Würfel schneiden.

In der Tagine oder einem Schmortopf das Fleisch mit 1 Liter Wasser, dem Öl, Ingwer, Safran, Salz und Pfeffer zum Kochen bringen und bei lebhafter Hitze 30 Minuten garen.

Die Zwiebeln schälen und hacken. Nach der Hälfte der Garzeit die Zwiebeln, den Honig, Zucker und Zimt zugeben.

Das Fleisch, sobald es gar ist, herausheben und warm stellen. Die Sauce mit den Zwiebeln bei milder Hitze auf eine sämige Konsistenz einkochen. Die Zwiebeln sollten von goldgelber Farbe sein.

Den Ofen auf 210 °C vorheizen. Das Fleisch in eine ofenfeste Form einlegen, mit der Sauce überziehen und im Ofen 10–15 Minuten karamellisieren lassen. Heiß servieren.

Diese Rezept eignet sich auch hervorragend für Perlhuhn oder Kaninchen.

Tagine mit Quitten

FÜR 8 PERSONEN
VORBEREITUNG: 30 Minuten
GARZEIT: 1 Stunde 15 Minuten

3 Zwiebeln
1 kg Lammschulter oder -karree oder Kalbshachse
125 ml Olivenöl
3 Prisen Safran
Salz
1 TL frisch gemahlener Pfeffer
1 kg Quitten

Die Zwiebeln schälen und hacken. Das Fleisch in grobe Würfel schneiden und in der Tagine oder einem Schmortopf mit dem Öl, Safran und 1/3 der gehackten Zwiebeln vermengen. Salzen und pfeffern.

Das Fleisch mit Wasser bedecken und zugedeckt bei lebhafter Hitze unter gelegentlichem Rühren 45 Minuten garen (es ist gar, wenn es sich mühelos mit einer Gabel zerteilen lässt). Das Fleisch mit einem Sieblöffel herausheben und beiseite stellen.

Die Quitten waschen und je nach Größe halbieren oder vierteln, die Kerne entfernen, die Schale dranlassen.

Die Quitten und die restlichen Zwiebeln in die Tagine oder den Schmortopf geben und etwas salzen.

Den Topfinhalt zur Hälfte mit Wasser angießen und zu einer sämigen Sauce einkochen lassen. Zwischendurch immer wieder den Gargrad der Quitten prüfen, da sie ungleichmäßig garen. Die fertigen Früchte nach und nach aus dem Topf nehmen.

Das Fleisch und die Quitten in der Sauce wieder erhitzen.

Das Fleisch in der Tagine servieren oder auf einer Platte anrichten und mit den Quitten und der Sauce bedecken.

Tagine Kefta (Hackfleisch-Tagine)

FÜR 4 PERSONEN
VORBEREITUNG: 25 Minuten
GARZEIT: 25 Minuten

FÜR DIE HACKFLEISCHBÄLLCHEN:
1/2 Zwiebel, gehackt
1/2 Bund Koriandergrün, gehackt
4 Blätter frische Minze, gehackt
500 g Hackfleisch (vorzugsweise Rind)
1 EL Öl
1 TL süßes Paprikapulver
1 TL gemahlener Kreuzkümmel
1/2 TL gemahlener Zimt
Salz

FÜR DIE SAUCE:
1/2 Zwiebel
4 Tomaten
3 EL Öl
Salz
1 TL gemahlener Kreuzkümmel
1/2 TL süßes Paprikapulver
1 Prise Safran

Für die Frikadellen die Zwiebeln, den Koriander und die Minze vermengen. Das Hackfleisch, Öl, die Gewürze und 2 Esslöffel Wasser zugeben und alles zu einer homogenen Masse verarbeiten. Aus der Hackfleischmasse mittelgroße Bällchen formen. Für die Sauce die halbe Zwiebel hacken, die Tomaten mit heißem Wasser überbrühen, enthäuten und würfeln. In der Tagine oder einem Schmortopf das Öl erhitzen. Die Zwiebeln und Tomaten anschwitzen und salzen. Die Gewürze zugeben und mit 1/2 Glas (100 ml) heißem Wasser ablöschen. Zugedeckt etwa 15 Minuten garen. Die Hackfleischbällchen in die Sauce einlegen und zugedeckt unter gelegentlichem Wenden 10 Minuten garen. Von Zeit zu Zeit den Topf rütteln, damit das Fleisch nicht ansetzt. Mit etwas gemahlenem Kreuzkümmel bestreuen.

Diese Tagine wird häufig mit gekochten Eiern serviert, die man einige Minuten vor Ende der Garzeit zugibt.

Hackfleischspieße

FÜR 4 PERSONEN
VORBEREITUNG: 20 Minuten
GARZEIT: 10 Minuten

1/2 Zwiebel
500 g Hackfleisch
1 EL gehacktes Koriandergrün
1/2 EL gehackte Petersilie
1/2 TL gemahlener Zimt
1/2 TL süßes Paprikapulver
1/2 EL Erdnussöl
1/2 TL frisch gemahlener Pfeffer
Salz
1/2 TL gemahlener Kreuzkümmel

Die Zwiebel schälen und reiben.

Das Fleisch, die geriebene Zwiebel, den Koriander, die Petersilie, den Zimt, Paprika und das Öl vermengen. 1 Esslöffel kaltes Wasser zugeben, salzen und pfeffern und alles zu einer gleichmäßigen Masse verarbeiten. Die Hackfleischmasse um Holzspieße herum zu kleinen Würsten formen. Die Spieße auf dem Holzkohlegrill oder unter dem Backofengrill garen und mit Kreuzkümmel bestreut servieren.

Sie können die Fleischmasse auch ohne Spieße zu Würstchen formen, die Sie anschließend in der Pfanne in einer Mischung aus Butter, Öl und Pfeffer braten. Das Ergebnis ist noch saftiger.

GEGENÜBERLIEGENDE SEITE: *Kefta kommt aus dem Arabischen und bedeutet schlicht Hackfleisch. Das kann von einem einzigen Tier stammen oder auch eine Mischung mehrerer Sorten sein.*

FELFEL SUDANI

Scharfe Chilisorten, „felfel sudani", sollten sehr sparsam dosiert werden, damit man sich nicht den Mund oder Magen verbrennt.

NUIURA

„Nuiura" ist ein Pulver aus kleinen, süßen Paprikaschoten, die aus Jamaika stammen. Es wird zum Abrunden von Suppen und Gemüse-Tagines verwendet und erst kurz vor dem Ende der Garzeit zugegeben.

PAPRIKA

Das süße, granatfarbene Paprikapulver wird in Marokko sehr geschätzt.

FELFEL HLU

Die süßen „felfel hlu" werden meist frisch gleich nach der Ernte gegessen.

FELFEL HAR

Capsaicin heißt die chemische Substanz, die für die Schärfe vieler Paprika- und Chilisorten – „felfel har" – verantwortlich ist. Man sollte sie sparsam verwenden.

RAS EL HANUT

„Harissa" ist eine feurige Sauce aus scharfen Chilis, Kümmel, Koriander, Knoblauch und Olivenöl. Sie findet vor allem in der tunesischen Küche reichliche Verwendung.

Unterschiedliche Paprika-, Chili- und Pfeffersorten gehören zur Mischung des „ras el hanut" aus insgesamt 27 Gewürzen.

الفلفل

PAPRIKA UND CHILI

Die vermutlich ursprünglich aus Brasilien stammenden amerikanischen Chili- und Paprikaschoten gelangten vor fünfhundert Jahren mit Christoph Kolumbus nach Europa. Die in Form, Farbe und Aroma sehr unterschiedlichen Schoten – es gibt mehr als zweihundert verschiedene Sorten – kommen in den Geschmacksrichtungen süß, scharf und extrascharf zum Einsatz. In der marokkanischen Küche hängt ihre Verwendung von der jeweiligen Familientradition ab. Vielfach werden die Schoten auch roh verzehrt, allerdings ist es dabei ratsam, zuvor die Samen zu entfernen, um die beißende Schärfe etwas abzumildern. Von den großen roten, gelben und grünen Gemüsepaprika bis zu den länglichen brennend-scharfen Cayennechilis, in Marokko „sudanesischer Pfeffer" genannt, botanisch gehören sie alle zur Familie der Nachtschattengewächse. Schon eine Prise Cayenne genügt, um einer Tagine mit Fleisch oder Fisch die rechte Würze zu verleihen, ohne dabei die anderen Aromen zu überdecken.

Auch in die berühmte *harissa* gehören Chilis hinein. Sie lässt sich problemlos selbst herstellen: Kümmel, Koriander, Pfeffer, Knoblauch, Salz und kleine getrocknete rote Chilis mit Olivenöl zu einer Paste zerreiben und an einem kühlen Ort ziehen lassen. Für die ebenfalls sehr populären eingelegten Paprikaschoten lässt man die kleinen Schoten in einer Mischung aus Zitronensaft, Essig und reichlich Salz zwei Wochen lang marinieren. Anschließend werden sie luftdicht verpackt und an einem dunklen Ort aufbewahrt.

Hähnchen-Tagine mit eingelegten Zitronen und Oliven

FÜR 6 PERSONEN
VORBEREITUNG: 30 Minuten
GARZEIT: 1 Stunde

2 mittelgroße Hähnchen, in Stücke zerteilt
2 große Zwiebeln
1 Bund Koriandergrün
1/2 Bund glatte Petersilie
2 Knoblauchzehen
4 EL Olivenöl
1 TL gemahlener Kreuzkümmel
1 TL süßes Paprikapulver
1 Päckchen (100 mg) Safranfäden
1/2 Liter Wasser
1 TL gemahlener weißer Pfeffer
Salz
6 eingelegte Zitronen
36 violette Oliven

Eingelegte Zitronen sind an vielen arabischen Marktständen oder in orientalischen Lebensmittelgeschäften erhältlich. Sie können sie aber auch selbst zubereiten (siehe Rezept Seite 66).

Die Hähnchenstücke können am Schluss auch in der Tagine gebräunt werden. Die Ofentemperatur wie angegeben einstellen, jedoch die Tagine in den kalten oder nur leicht vorgeheizten Ofen schieben.

Die Hähnchenteile gründlich waschen und trockentupfen.

Die Zwiebeln schälen und hacken. Den Koriander und die Petersilie waschen und fein hacken. Den Knoblauch schälen und durchpressen. In der Tagine oder einem Schmortopf Zwiebeln, Knoblauch und Kräuter mit dem Olivenöl vermengen. 1/2 Teelöffel Kreuzkümmel, das Paprikapulver, den Safran und das Wasser zugeben. Die Mischung salzen, pfeffern und gut verrühren. Die Geflügelstücke einlegen und von allen Seiten in der Sauce wenden.

Den Topfinhalt zugedeckt zum Kochen bringen, die Hähnchenstücke wenden und 25 Minuten garen.

Die Temperatur herunterstellen und weitere 15 Minuten köcheln lassen. Dabei regelmäßig den Gargrad des Fleisches prüfen.

Das Fleisch herausheben, sobald es sich vom Knochen löst.

Den Ofen auf 210 °C vorheizen.

Die Hähnchenstücke in eine ofenfeste Form legen, mit etwas Sauce überziehen und im Ofen in 10 Minuten goldbraun braten.

In der Zwischenzeit den restlichen Kreuzkümmel unter die übrige Garflüssigkeit rühren, die geviertelten, eingelegten Zitronen und die Oliven zugeben und die Sauce einkochen lassen. Die Hähnchenstücke mit der Sauce überziehen, mit den Zitronen und Oliven garnieren und servieren.

Eingelegte Zitronen

Im Gegensatz zu anderen Mittelmeerländern, wo man die Zitronen nach dem Trocknen in Öl oder Essig konserviert, werden die Zitrusfrüchte in Marokko und Andalusien wie Fisch oder auch Fleisch in Salz eingelegt. Dazu bevorzugt man in Marokko die dünnschaligen und unbehandelten „doqq"-Zitronen, die wie die Bergamotte in riesigen Plantagen in der Sous-Ebene gedeihen.

FÜR 12 ZITRONEN
VORBEREITUNG: 20 Minuten
MARINIERZEIT: 3 Wochen
HALTBARKEIT: 3 Monate

12 biologisch angebaute, dünnschalige Zitronen
Grobkörniges Meersalz
Saft von 1 Zitrone

Die Zitronen unter fließendem kaltem Wasser gründlich abbürsten und in eine Schüssel legen. Die Früchte mit kaltem Wasser bedecken und 3 Tage einweichen lassen.

Die Zitronen abtropfen lassen und mit einem spitzen Messer senkrecht vierteln, jedoch nicht ganz durchschneiden, sodass die Früchte am unteren Ende noch zusammenhalten.

Die Zitronenviertel etwas auseinander ziehen und die Einschnitte mit dem groben Salz füllen.

Die gesalzenen Zitronen aufrecht in ein sterilisiertes Glasgefäß setzen, sodass möglichst kein Salz aus dem Innern der Früchte herausfällt. Die Zitronen mit 1 Esslöffel grobem Salz bestreuen und den Zitronensaft darüber träufeln.

Mit kochendem Wasser auffüllen und die Früchte mit einem Gewicht beschweren, damit sie vollständig bedeckt sind. Das Gefäß verschließen.

Die Zitronen sind nach etwa 3 Wochen gebrauchsfertig und halten sich bis zu 3 Monate.

Den Saft können Sie anstelle von Essig für Salate verwenden, die Schale der Früchte eignet sich als Würzmittel für Tagines oder Schmorgerichte.

Eingelegte grüne Paprikaschoten

FÜR 12 PAPRIKASCHOTEN
VORBEREITUNG: 10 Minuten
MARINIERZEIT: 2 Wochen
HALTBARKEIT: 3 Monate

12 grüne Paprikaschoten
500 g grobes Meersalz

Die Paprikaschoten waschen, Stielansätze entfernen.

Die Schoten in ein mit kochendem Wasser sterilisiertes Gefäß setzen, Salz zugeben und mit Wasser auffüllen.

Das Gefäß luftdicht verschließen und für einige Stunden auf den Kopf stellen. Anschließend wieder wenden.

Nach 2 Wochen sind die eingelegten Paprika gebrauchsfertig. Sie lassen sich für Salate oder Gemüse-Tagines verwenden.

Dieses Rezept ist auch für leicht angedrückte grüne Oliven geeignet. Verfahren Sie auf die gleiche Weise wie bei den Paprikaschoten.

OBEN: *Weibliche Teamarbeit in fröhlicher Küchenrunde, besonders an Feiertagen, an denen die zahllosen umfänglichen und aufwendigen Zubereitungen viele arbeitsreiche Stunden bedeuten.*

Chebbakiya (Honigkrapfen)

ERGIBT ETWA 30 STÜCK
VORBEREITUNG: 1 Stunde (davon 15 Minuten Ruhezeit)
GARZEIT: 5 Minuten je Krapfen

1 kg Mehl
300 g Sesamsamen
150 g gemahlener Anis
150 g Butter
1 Prise Salz
2 EL Essig
1 Ei
15 g frische Hefe
250 ml Orangenblütenwasser
1 TL gemahlener Zimt
1 Prise Safran
1 l Pflanzenöl zum Frittieren
2 kg flüssiger Honig
1 Prise Gummiarabikum (siehe Seite 183)

„Chebbakiya", goldgelbe, saftige Teigkringel, die man nach dem Ausbacken in Honig taucht und mit Sesamsamen bestreut, werden als Fastengebäck während des gesamten Ramadan gegessen. In manchen Regionen nennt man sie auch „griouches".

In einer Schüssel das Mehl mit der Hälfte der Sesamsamen und dem Anis vermengen. Die Butter, das Salz, den Essig und das Ei einarbeiten. Die Hefe in 100 ml lauwarmem Wasser auflösen und mit 200 ml Orangenblütenwasser zur Teigmischung gießen. Zimt und Safran zugeben und alles in 20 Minuten zu einem glatten Teig verarbeiten.

Den Teig in apfelgroße Kugeln zerteilen und mit einem Tuch bedeckt an einem warmen Ort 15 Minuten gehen lassen. Die Teigkugeln zu Platten von etwa $1^1/_2$ cm Dicke flach drücken und mit einem gezackten Teigrädchen zu etwa 8 × 12 cm großen Rechtecken zurechtschneiden. Die Rechtecke der Länge nach so in vier Streifen teilen, dass an beiden Enden ein Rand von 1–2 cm bleibt, der sie zusammenhält. Nun von oben her die Finger der rechten Hand – abwechselnd einen Streifen oben, einen Streifen unten – durch das Rechteck führen. Das Rechteck an einer unteren Ecke greifen und diese vorsichtig durch die Teigbänder nach oben ziehen, sodass eine Art lockeres Teiggeflecht entsteht. Die fertigen Gebäckstücke auf eine ungefettete Unterlage legen. Auf diese Weise sämtlichen Teig verarbeiten.

Das Öl in einer hochwandigen Pfanne erhitzen. Die *chebbakiya* Stück für Stück in das siedende Öl gleiten lassen und von beiden Seiten goldgelb ausbacken. Darauf achten, dass die Gebäckstücke nicht übereinander liegen. Den Honig erwärmen und das übrige Orangenblütenwasser und das Gummiarabikum unterrühren. Die fertigen Krapfen abtropfen lassen und anschließend in den Honig tauchen. Nochmals abtropfen lassen und mit den restlichen Sesamsamen bestreuen.

„Rghaïf", kleine, süße oder pikante Crêpes, sind nicht ganz einfach zuzubereiten und erfordern Mehl von allerbester Qualität. Doch mit etwas Übung und Geschick werden diese feinen, saftigen, mehrmals gefalteten Pfannkuchen eine Leckerei auch auf Ihrem Frühstückstisch.

Rghaïf (Pfannkuchen)

ERGIBT 20 STÜCK
VORBEREITUNG: 30 Minuten
RUHEZEIT: 10 Minuten
GARZEIT: 10 Minuten pro Stück

1 TL frische Hefe
1 kg Mehl, durchgesiebt
1 EL Öl für den Teig
1 TL Salz
$^1/_2$ l Pflanzenöl zum Backen der Pfannkuchen

Die Hefe in einer Schüssel in 4 Esslöffeln lauwarmem Wasser auflösen. Das Mehl auf die Arbeitsfläche geben und mit der Hefe, dem Öl, Salz und $^1/_4$ Liter lauwarmem Wasser zu einem glatten, elastischen Teig verkneten (er sollte etwa die Beschaffenheit eines Brotteigs haben). Die Hände mit etwas Öl einreiben und aus dem Teig Kugeln von der Größe eines Eis formen. Die Teigkugeln 10 Minuten gehen lassen.

Die Hände erneut mit etwas Öl einreiben. Eine Teigkugel auf die mit Öl bestrichene Arbeitsfläche legen, flach drücken und mit den Fingern nach allen Seiten auseinander ziehen, sodass ein möglichst dünnes Teigblatt entsteht. Den linken und rechten Teigrand so zur Mitte hin überschlagen, dass sie leicht übereinander lappen und ein Rechteck entsteht. Nun die schmalen Enden des Rechtecks zur Mitte hin falten, sodass Sie ein Quadrat erhalten. Sämtliche Teigkugeln auf diese Weise verarbeiten.

Die Pfannkuchen in dem heißen Öl von beiden Seiten goldgelb backen.

Mit Honig oder Zucker servieren.

Sie können die *rghaïf* auch auf einer leicht mit Öl bestrichenen Crêpes-Platte oder in einer beschichteten Pfanne zubereiten. So werden sie bekömmlicher. Auch sind verschiedene Füllungen denkbar – Fleisch und Gemüse für pikante Pfannkuchen, geröstete und gehackte Mandeln für eine süße Variante.

المشروبات الطيبة

GETRÄNKE

Marokko bietet eine reiche Vielfalt saftiger Früchte. Die fleischigen, zuckersüßen Orangen liefern einen köstlichen Saft, der mit einer Prise Zimt gewürzt zu einer perfekten Erfrischung wird. Den Saft von Granatäpfeln und Trauben oder Rosinenwasser ergänzt man häufig mit Zucker, Zitronensaft und etwas Orangenblütenwasser. Kirschsaft ist eine Spezialität der Region um Sefrou, wo die Kirschbäume in Hülle und Fülle gedeihen. Kuh-, Schafs- oder Kamelmilch werden als Durstlöscher und während des Ramadan zum allabendlichen Fastenbrechen getrunken. Milch ist wie die Datteln auch ein Symbol der Gastfreundschaft und wird einem eintreffenden Besucher, der jung vermählten Braut oder dem aus Mekka zurückkehrenden Hadschi serviert. Mandelmilch ist ein typisches Feiertagsgetränk. Dafür werden die geschälten Mandelkerne zu einer sehr feinen Paste zermahlen und anschließend mit Milch und Zuckerwasser aufgefüllt. Doch ob Bananenmilch oder mit Majoran oder Orangenblütenwasser aromatisierte Milch oder schlicht der leicht säuerliche, zum Couscous servierte *leben,* die traditionellen Getränke sind zunehmend der Konkurrenz von Limonaden und Coca-Cola ausgesetzt, die bereits bis in fast alle Winkel des Königreichs vorgedrungen sind. Das Nationalgetränk Tee wird zuweilen auch durch Kaffee ersetzt, der, falls nicht anders verlangt, mit Milch serviert wird. Je nach geheimer Hausrezeptur verleihen Zimt, Orangenblütenwasser, Anis, Kardamom, Ingwer oder Muskatnuss dem Kaffee eine zusätzliche aromatische Note.

Mandelmilch ist ein saisonales Getränk und wird aus geschälten, zerriebenen Mandeln, Wasser und Milch hergestellt.

Kaffee wird in den bürgerlichen Häusern an Festtagen mit verschiedenen Gewürzen, die man in der heißen Flüssigkeit ziehen lässt, oder schlicht mit ein paar Pfefferkörnern aromatisiert.

Die auf den Markttischen und Handkarren zu Pyramiden aufgeschichteten Orangen aus Marrakesch oder Beni Mellal sind berühmt für ihr saftiges Aroma.

Mit Orangenblütenwasser aromatisierte Milch.

Seffa (Süßer Zimt-Couscous mit Rosinen)

FÜR 6–8 PERSONEN
VORBEREITUNG: 15 Minuten
GARZEIT: 30 Minuten

600 g mittelfeiner oder feiner Couscous
150 g Rosinen
100 g Butter
1–2 EL Zucker

FÜR DIE DEKORATION:
100 g Puderzucker
1 EL gemahlener Zimt
Einige Datteln oder Mandeln (nach Belieben)

Den Couscous wie auf Seite 150 beschrieben zubereiten oder fertigen Couscous verwenden.

Die Rosinen gründlich waschen und abtropfen lassen. Vor dem letzten Dämpfen des Couscous die Rosinen zuunterst in den Dämpfeinsatz geben und mit dem Grieß bedecken.

Sobald der Couscous gar ist, etwas Zucker unterheben und alles sorgfältig mit einer Gabel durchmischen.

Für die Dekoration den Zimt mit der Hälfte des Puderzuckers in einer Schüssel vermengen.

Den fertigen Couscous auf einer Platte zu einem Kegel aufschichten und mithilfe eines kleinen Siebs Streifen aus Puderzucker und der Zucker-Zimt-Mischung aufstäuben. Nach Belieben mit einigen Datteln oder Mandeln garnieren und heiß servieren. Dazu Minztee oder ein Milchgetränk reichen.

Brauthonig

FÜR 20 PERSONEN
VORBEREITUNG: 20 Minuten
GARZEIT: 15 Minuten

1 kg Honig
1 TL getrocknete Duftrosenblüten, zerrieben
1 TL gemahlener Zimt
1/4 TL frisch gemahlener Pfeffer
1/4 TL Nelkenpulver
1 Prise Safran
1 Prise Gummiarabikum (siehe Seite 183)

Sämtliche Zutaten in einer Kasserolle vermengen und unter ständigem Rühren langsam erwärmen, aber nicht aufkochen. Sie können dazu auch ein Wasserbad verwenden.

Die Mischung auf ein *taus* (große runde Platte) geben und abkühlen lassen. Zur Dekoration mit geschälten, gerösteten und gehackten Mandeln und Sesamsamen bestreuen.

Diese Süßspeise wird traditionell anlässlich einer Verlobung, Hochzeit oder einer Beschneidung zubereitet.

GEGENÜBERLIEGENDE SEITE: *Das Besondere an diesem „seffa" genannten, feinkörnigen Couscous, der gedämpft und mit reichlich Butter zubereitet wird, ist seine hübsche Dekoration, bei der sich schmale Streifen von Zucker und Zimt abwechseln.*

الزواج

DIE HOCHZEIT

Als Symbole der Reinheit und des Wohlstands sind Milch, Honig, Datteln, Zuckerhut, Rosen- oder Orangenblütenwasser untrennbar mit einer Heirat verbunden. So besiegeln Honig und Butter, aus einem besonderen Tongefäß gekostet, die Brautwerbung. Die Füße der jungen Braut werden mit Milch gewaschen; und mit Milch und Datteln heißt die Mutter des Bräutigams ihre künftige Schwiegertochter willkommen. Auf der Schwelle des Hauses der Braut wird ein Ei zerschlagen, das als Symbol der Fruchtbarkeit gilt. In Fes bereitet die Jungvermählte am Tag nach ihrer Hochzeit eine Fisch-Tagine zum Mittagessen, und als Zeichen für ihren Eintritt in die neue Familie, mit der sie künftig ihr Leben teilt, backt sie ein Brot – Symbol des Überflusses. Zucker gilt als Glücksbringer. In ländlichen Gegenden bringen die Frauen der Braut als Glückwunsch zwei Kilogramm schwere Zuckerhüte, die in dickes malvenfarbiges Papier eingewickelt werden. Das Ritual des gegenseitigen Beschenkens ist ebenfalls von großer Bedeutung. Häufige Gaben des Bräutigams an seine Auserwählte sind Stoffe, Pantoffeln, Zuckerhüte, Öl, Schmuck und Parfum. Der erste Tag der jungen Eheleute beginnt mit einem üppigen Frühstück, das von der Brautmutter zubereitet wird. Es besteht aus *sfenj,* Milchreis, gedämpftem Hammelkopf und Süßigkeiten.

GEGENÜBERLIEGENDE SEITE: *Gazellenhörnchen, ein Gebäck mit fantasievollem Namen, erinnern auch an die Sichel des Mondes. Luftdicht und trocken gelagert, halten sie sich bis zu zwei Wochen.*

Gazellenhörnchen

ERGIBT ETWA 70 HÖRNCHEN
VORBEREITUNG: 2 Stunden
RUHEZEIT: 30 Minuten und 1 Nacht
GARZEIT: 30 Minuten

FÜR DIE MARZIPANFÜLLUNG:
1 kg Mandeln
750 g Puderzucker
300 g geklärte Butter
1 TL Orangenblütenwasser
1/2 TL Mandelextrakt
1 TL gemahlenes Gummiarabikum (siehe Seite 183)
1 Prise Salz

FÜR DEN TEIG:
500 g Mehl
1 EL geklärte Butter
200 ml Orangenblütenwasser
1 Prise Salz

Zunächst die Füllung zubereiten: Die Mandeln mit dem Zucker vermengen und im Fleischwolf oder in der Küchenmaschine fein zermahlen. Die geklärte Butter, das Orangenblütenwasser, Mandelextrakt, Gummiarabikum und Salz zugeben und alles zu einer glatten, elastischen Masse verkneten. Das Marzipan zu 5–6 cm langen Spindeln formen.

Für den Teig in einer Schüssel sämtliche Zutaten verkneten und zu einem Kloß formen. Den Teigkloß in kleine Kugeln zerteilen und mit Frischhaltefolie bedeckt 30 Minuten ruhen lassen.

Die Teigkugeln flach drücken und zu dünnen Rechtecken formen. Jeweils eine Marzipanspindel auf jedes Teigrechteck legen und den Teig über das Marzipan schlagen.

Die Teigränder mit den Fingern fest andrücken und die Spindel zu einem Hörnchen biegen. Den gebogenen Rand mit einem gezackten Teigrädchen abschneiden. Die Hörnchen über Nacht an einem kühlen Ort ruhen lassen.

Den Ofen auf 130 °C vorheizen.

Mit einem Zahnstocher die Hörnchen auf jeder Seite dreimal einstechen, damit sie beim Backen nicht platzen.

Auf ein mit Backpapier ausgelegtes Backblech legen und im Ofen 30 Minuten backen.

Orangensalat mit Zimt

FÜR 4 PERSONEN
ZUBEREITUNG: 25 Minuten

6 schöne Orangen und der Saft von 1 Orange
2 EL Orangenblütenwasser
2 EL Zucker
2 Zimtstangen
1 TL feiner Zucker
1 TL gemahlener Zimt
4 Blättchen frische Minze

In einer Kasserolle den Orangensaft, das Orangenblütenwasser, den Zucker und die Zimtstangen 5 Minuten kochen und anschließend abkühlen lassen. Inzwischen die Orangen sauber abschälen und in Scheiben schneiden.

Die Orangenscheiben dekorativ auf kleinen Tellern anrichten und mit dem erkalteten Saft überziehen. Mit dem Zucker und Zimt bestreuen, mit den Minzeblättchen garnieren und servieren.

البرتقال

ORANGEN

Orangen sind in der marokkanischen Küche allgegenwärtig und bereichern sowohl süße als auch pikante Speisen, wie etwa Hähnchen-Tagine mit karamellisierten Orangen.

Auf einer ihrer zahlreichen Reisen nach Marokko schrieben die Gebrüder Tharaud, ein französisches Autoren- und Reporterduo, zu Beginn des 20. Jahrhunderts: „Dies war also das sagenhafte Atlasgebirge. Seine Orangen, die man mit flüchtiger Geste gleichsam im Vorbeigehen pflückt, ohne den hundertköpfigen Drachen fürchten zu müssen, sind die goldenen Äpfel aus dem Garten der Hesperiden.“ Überall auf den Handkarren und Marktständen im Land türmen sich die prallen, saftigen und von der marokkanischen Sonne verwöhnten Früchte zu eindrucksvollen Pyramiden. Angeblich waren es die Griechen, die den Orangenbaum in Marokko entdeckten und auf die andere Seite des Mittelmeers verpflanzten. Die im Hinterland von Agadir beginnenden Orangenplantagen erstrecken sich bis in die Flussebene des Sous und werden im Norden von den Ausläufern des Atlas und im Süden von den Hängen des Anti-Atlas eingefasst. Dort gedeihen nicht weniger als fünf Sorten, die nacheinander erntereif werden: die Navel-Orangen im November, dann die Blutorangen und schließlich die berühmteste von allen, die Bigarade, eine leicht säuerlich-bittere Pomeranze. Die naturbelassenen Früchte werden in die ganze Welt exportiert. Orangen tauchen in zahlreichen Gerichten der marokkanischen Küche auf, meist in Verbindung mit Zimt, und sind vor allem in süßlich-pikanten Zubereitungen eine köstliche Zutat.

MINZTEE

Ob in Fes, Rabat oder unter dem Dach eines Nomadenzeltes, der Minztee wird praktisch zu jeder Tageszeit serviert. Die Männer trinken ihn auf den Terrassen der Cafés, die Frauen im Hammam, er besiegelt einen Geschäftsabschluss und empfängt einen Besucher. Das Zeremoniell des Teetrinkens erfordert zwei Tabletts. Auf dem einen stehen die kleinen, schlanken Gläser mit farbigen Ornamenten und Goldrand sowie die Teekanne mit langer Tülle und spitzem Deckel. Auf dem anderen ruhen der versilberte Zuckertopf, der grüne Tee und die frische Minze. Das Wasser kocht in einem kupfernen Samowar. Dann füllt der Gastgeber den Tee, die gewissenhaft zusammengelegten Minzblätter und einige große Zuckerstücke in die zuvor mit heißem Wasser ausgespülte Kanne und gießt das kochende Wasser auf. Der ziehende Tee wird mehrmals zur Prüfung in ein Glas geschenkt, zurück in die Kanne gegossen, damit er sich gut vermischt und schließlich verkostet. Erst wenn der Gastgeber mit dem Ergebnis zufrieden ist, wird der Tee serviert. Mit einer geschmeidigen, präzisen Geste hebt der Hausherr die Teekanne in die Höhe und gießt die duftende Flüssigkeit in einem langen, dampfenden Strahl in die Gläser. Majoran, Anis, Safran, Rosmarin oder Orangenblütenwasser vervollkommnen bisweilen das subtile Aroma des Minztees.

Der Tee wird vor den Augen der Gäste zubereitet. Die Zahl der Gläser übersteigt stets die der Besucher.

Das Gelingen der Teezubereitung hängt wesentlich von der Qualität des grünen Tees und der frischen Minze ab, deren wohlriechende Blätter bundweise in die Teekanne wandern.

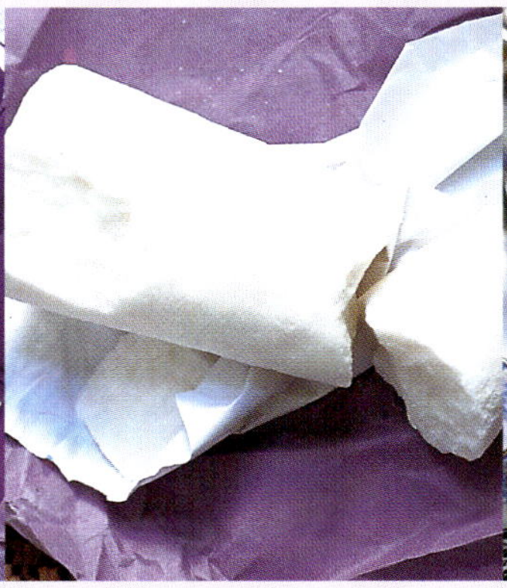

Die kegelförmigen, zwei Kilo schweren Zuckerhüte werden in dickes malvenfarbenes Papier eingewickelt und mithilfe eines kleinen Kupfer- oder Holzhammers zersplittert.

Die Zuckerstücke gibt man zuletzt zu. So verhindern sie, dass die Tee- und Minzeblätter an die Oberfläche steigen.

Das Küsten-land

الشواطئ المغربية

Das Küstenland

Links: *Die „zellijes", kleine, farbenprächtige Kachelmosaiken, werden mit dem Meißel gehauen und nach strikten Farbregeln zusammengestellt.*

Rechts: *Als Weggefährte auf jeder Reise trägt der marokkanische Esel in einem Korb Getreidesäcke, Wasserflaschen oder die auf dem Souk erstandenen Waren.*

Über dreitausendfünfhundert Kilometer erstreckt sich die Küste Marokkos, gesäumt von endlosen Sandstränden und unzähligen Fischerstädtchen, von der algerischen Grenze bis nach Mauretanien. Schon in der Antike war das marokkanische Küstenland von Atlantik und Mittelmeer durch immer neue Eroberungswellen oder anlandende Kaufleute dem Einfluss der Außenwelt ausgesetzt. Den Beginn machten die Phönizier, die um 1000 v. Chr. erstmals die Küste anliefen und in Lixus, Salé und auf den vor Mogador (dem heutigen Essaouira) liegenden „Purpurinseln" Handelsniederlassungen gründeten. Sie tauschten Wein und Gewürze gegen Wolle, Tierhäute und Kleinvieh. Die römische Herrschaft begann mit der Zerstörung Karthagos 146 v. Chr. und der sich anschließenden Gründung mehrerer prosperierender Städte. Der Norden Marokkos wurde zur Kornkammer Roms. In Lixus entstanden Fabriken und mehr als hundert Bassins zum Einsalzen von Fisch, der für die Herstellung des in Rom so geschätzten *garum* verwendet wurde. Diese Sauce auf der Basis von Fischinnereien, die in einer Salzlake mariniert wurden, diente zum Würzen von Fleisch und Gemüse. Die ausgenommenen Fische wurden in einem dicken Salzbett begraben gehandelt und transportiert, damit sie den langen Weg nach Rom schadlos überstanden.

Seit Beginn des 15. Jahrhunderts wurde die Atlantikküste Marokkos von den Portugiesen und Spaniern erobert. Sie errichteten Handelsniederlassungen entlang der Goldroute durch die Sahara. Noch heute zeugen zwischen Tanger und Agadir die Überreste der portugiesischen Festung Asilah, die Stadtbefestigung von Azemmour, die portugiesische Altstadt in El Jadida oder Essaouira von den regen Handelsaktivitäten der Portugiesen, die Djellabas, Weizen oder Pferde kauften, um sie in Schwarzafrika gegen Sklaven und Gold zu tauschen. Die letzten Moslems, die zu Beginn des 17. Jahrhunderts aus Spanien vertrieben wurden, siedelten in den Küstenstädten – allein Rabat zählte dreitausend Flüchtlingsfamilien –, die zum Stützpunkt für den Seekrieg gegen die spanischen Christen wurden. In den Städten mischten sich jüdische Flüchtlinge, christliche Lohnarbeiter, Mauren und europäische Abenteurer mit den arabischen und berberischen Einheimischen. Die iberische Herrschaft endete erst im 16. Jahrhundert. Spanien, das lange Zeit über ein Protektorat im Norden des Landes verfügte, besitzt mit den Städten Ceuta und Melilla noch heute zwei Enklaven in Marokko.

Die neuartigen Produkte, die in den Häfen umgeschlagen wurden, veränderten allmählich die kulinarischen Traditionen und Gewohnheiten der Marokkaner. Der grüne Tee war nicht wie gemeinhin angenommen seit jeher das Nationalgetränk, sondern gelangte erstmals 1721 als ein Geschenk des englischen Königs Georg I. an den marokkanischen Hof. In großen Mengen kam der grüne Tee allerdings erst im Jahr 1854 während des Krimkrieges ins Land. Die Blockade der Ostsee verwehrte den englischen Kaufleuten den Handelsweg in die slawischen Länder; so sahen sie sich gezwungen, nach einem anderen Absatzmarkt Ausschau zu halten. Also brachten sie ihre Lagerbestände nach Tanger und Mogador, dem heutigen Essaouira. Seither löschen die Marokkaner, die bis dahin vor allem Minztee und einen Wermutaufguss tranken, ihren Durst mit grünem Tee und mischen ihn mit der altvertrauten Minze.

Die Küche entlang der marokkanischen Küsten schöpft ihre Vielfalt natürlich aus dem Reichtum der zwei Meere. Die Gewässer Marokkos gehören zu den fischreichsten der Welt. Die Marokkaner, die allerdings nie wirklich ein Volk von Fischern oder Seefahrern waren, vereinen moderne Fangtechniken mit traditionellen Methoden. Letztere decken vor allem den regionalen Bedarf.

Frischer Fisch spielt auf dem nationalen Speiseplan eine herausragende Rolle. Sardinen, Makrelen oder Sardellen füllen die Netze der hölzernen Fischerboote – Schleppnetzkähne oder einfache Motorboote – die in den Häfen von Safi, Essaouira, Agadir und Tan Tan festmachen. Sardinen wurden früher zum Konservieren in Salzlake eingelegt. Frisch marinierte man sie in *chermula*, einer Würzsoße aus Kreuzkümmel, durchgepresstem Knoblauch, zerstoßenem Koriander, süßem Paprika und Zitrone; anschließend bedeckte man sie mit Olivenöl. Auch heute noch sind Sardinen aus Safi in der ganzen Welt berühmt. Zu den am meisten gegessenen Fischsorten in Marokko zählen Alse, Merlan, Rot- und Weißbrasse, Dorade und Zackenbarsch. Ob im Ofen gebacken, in einer Tagine zubereitet, gebraten oder in Tomatensauce gegart, der Fisch wird zunächst meist in *chermula* mariniert. Fisch-B'stila, gefüllte Sardinen, Fisch-Briuats, Kefta, Fisch mit Datteln und Mandeln oder mariniert und mit Walnüssen gefüllt – die Liste der marokkanischen Fischrezepte ist lang. Die verwendeten Gewürze richten sich nach der jeweiligen Sorte. Alse, ein Süßwasserfisch, wird vor allem wegen ihres festen, fettreichen Fleisches und ihres Rogens geschätzt. Mit Fisch zubereiteten Couscous findet man hauptsächlich in den Regionen um Safi, Agadir und Salé. Er ist nicht ganz einfach zuzubereiten und verlangt nach absolut frischem Fisch einer festfleischigen Sorte, die beim Garen nicht so leicht zerfällt. Die Brühe wird immer durch ein Sieb passiert, damit sich keine Gräten in den Couscous verirren. Auch in den süßlich-pikanten Gerichten der marokkanischen Küche ist der Fisch vertreten. Couscous mit Meeraal, Zwiebeln, Rosinen, Zimt, und Honig ist eine Spezialität aus Rabat. In Safi isst man Fisch in einer süß-salzigen, knusprig gebratenen Mandelhülle. Beim Couscous *baddaz* mit Meeraal wird der Weizengrieß durch Mais-

LINKS: *Dieser ehemalige andalusische Palast in El Jadida wurde im Jahre 1980 restauriert und zum Hotel umfunktioniert. Stuck, der mithilfe von Schablonen und Zirkel aus Putz modelliert wird, hat sich in allen prachtvollen Gebäuden durchgesetzt und ziert Wände, Arkaden, Bögen und Türrahmen.*

Von links nach rechts: *Sidi Abderrahman, ein kleines, vor den Toren Casablancas auf einem Felsen erbautes Dorf, trotzt den Fluten des Atlantiks, ebenso wie diese Fischer, die sich mit ihren langen Angelruten auf den Weg machen, um dem Meer seinen Reichtum zu entlocken.*

grieß ersetzt. Ein wahrer Leckerbissen in einem Couscous sind in der Sonne getrocknete Muscheln. Auch kleine Fischröllchen, die zunächst in Ei gewendet, mit Grieß paniert und anschließend frittiert werden, sind im ganzen Land beliebt. Oberhalb des Hafens von Essaouira, unweit der blauen Fischerboote, über denen neugierige Möwen kreisen, genießt man Sardinen, Seezunge, Merlan oder frische, gegrillte Tintenfische. In einigen Küstengegenden wird der Fisch in einer Mischung aus safraniertem Rührei, Zwiebeln und eingelegten Zitronen im Ofen überbacken. Austern begründen den Ruf des kleinen Badeortes Oualidya, in dessen natürlicher Lagune die Schaltiere gezüchtet werden. Doch gibt es dort auch andere ausgezeichnete Meeresfrüchte wie beispielsweise Herz- und Miesmuscheln, Kaisergranat und Seeigel. Im Süden von Tan Tan ist die Küste von steilen Klippen aus erodiertem, hellem Sandstein geprägt, die zum Teil vierzig Meter tief in den atlantischen Ozean hinabfallen. Jeden Tag verharren die Fischer kühn über den Abgrund gebeugt, das sensible Gleichgewicht haltend, und fischen nach Wolfsbarsch, Brassen oder auch Adlerfisch. Mit ihren langen Angelruten, an deren Haken Sardinen die Beute ködern, haben sie alle Mühe, ihren Fang dem Meer zu entreißen, und riskieren dabei fast ihr Leben, um anschließend „Petri Fischzug" im Hafen von Tan Tan zu verkaufen.

Zwischen Agadir und Taroudannt erstreckt sich die weite, fruchtbare Ebene des Sous mit ihren üppigen Gemüse- und Obstplantagen. Im Schutze von Hecken, Zypressen und Eiben gedeihen Orangen, Zitronen und Melonen. Für den Anbau von Zuckerrohr entstand während der Saadierdynastie ein ausgeklügeltes Bewässerungssystem. Die zu Beginn des 17. Jahrhunderts zerstörten Zuckerfabriken ermöglichten dem Sultan, tonnenweise italienischen Marmor im Tausch gegen Zucker zu erwerben. Ebenfalls in der Sous-Ebene sowie in den Gegenden um Agadir und Safi bis hin zu den Häfen des Anti-Atlas erstreckt sich das Gebiet des Arganbaumes (Eisenholzbaumes), dessen Samen ein köstliches Öl, das Arganöl, liefern. Die stark verästelten Bäume mit ihren dornigen Zweigen trotzen Hitze und Trockenheit dieser wilden, regenarmen Gegend. Sie kommen fast ausschließlich in Marokko vor, wo man die Bäume mit ihren knorrigen, tief im Erdreich verankerten Wurzeln häufig an steilen Hängen sieht. Unerschrockene Ziegen erklettern, tollkühn und mühelos die Balance haltend, die höchsten Äste. Sie ernähren sich von den Früchten des Baumes, gelbe, an große Oliven erinnernde Beeren. Aus den Steinen der Früchte, die sie zurücklassen, gewinnen die Frauen am Ende des Sommers das Arganöl, ein fruchtig-nussiges Speiseöl. Zunächst werden die eingesammelten Kerne zertrümmert, um die Samen herauszulösen. Die Samen werden anschließend geröstet und mit warmem Wasser zu einer Paste verrührt, aus der die Frauen dann durch beständiges Kneten das kostbare, klare Öl herauspressen. Da die Baumbestände zurückgehen, ist das gewonnene Arganöl ausschließlich für den Landesbedarf bestimmt; der Export ist sogar verboten. In der Küche kommt es kalt und warm zum Einsatz und wird besonders für Fischgerichte und Spiegeleier verwendet. Auch in die Zubereitung von *amlu,* ein in der gesamten Sous-Ebene populäres Dessert, fließt das Öl. Dabei handelt es sich um eine nahrhafte Paste aus geschälten, leicht gerösteten und anschließend gemahlenen Mandeln, Honig und besagtem Öl. Sie wird mit warmem Brot serviert und hält sich problemlos zwei Monate. Traditionell wird *amlu* einem jung vermählten Paar vor der Hochzeitsnacht gereicht.

LINKS: *Die schwere, mit Nägeln beschlagene Holztür und der Kopfsteinboden sind in diesem traditionell gebauten Haus in Rabat noch erhalten.*

OBEN: *Noch heute werden die Fischerboote in der Werft von Essaouira nach überlieferten Techniken ganz aus Holz gebaut.*

Besonders zwischen Essaouira und Agadir bietet die Atlantikküste immer wieder atemberaubende Blicke auf das vom steten Wind brausende Meer. Einstige portugiesische Dörfer, weiße Kalksteintupfer in der Landschaft, unterbrechen die endlose Linie der Sandstrände; in den natürlichen Lagunen überwintern Zugvögel, und die Fischerhäfen sind erfüllt vom ohrenbetäubenden Geschrei der kreisenden Möwen. In Essaouira verhüllen sich die Frauen noch heute von Kopf bis Fuß in lange, weiße Umhänge.

OBEN: *Im Hafen von Essaouira bieten Marktschreier Fisch und Meeresfrüchte an.*

GEGENÜBERLIEGENDE SEITE: *Diese Fisch-B'stila kann man auch mit rotem Paprika und gemahlenem Kreuzkümmel garnieren.*

Fisch-Briuats

ERGIBT 12 BRIUATS
VORBEREITUNG: 30 Minuten
GARZEIT JE STÜCK: 5 Minuten

1 TL Olivenöl zum Anschwitzen
100 g Kabeljau-Filet, durch den Wolf gedreht
50 g mittelgroße Garnelen, gegart, geschält und Därme entfernt
2 Knoblauchzehen, durchgepresst
1/2 TL gehacktes Koriandergrün
1 TL gehackte Petersilie
1/4 TL gemahlener Koriander
6 Blätter Filoteig
1/2 Liter Pflanzenöl zum Ausbacken
Zitronenspalten zum Garnieren

In einer schweren Pfanne 1 TL Olivenöl erhitzen und den Fisch, die Garnelen, Knoblauch und Kräuter behutsam und unter Rühren anschwitzen.

Die Teigblätter halbieren und mit der vorbereiteten Mischung füllen. Nach der Anleitung auf Seite 37 falten, ohne jedoch die Halbkreise in Streifen zu schneiden. Das Frittieröl in der Pfanne erhitzen und die Fisch-Briuats nach und nach goldgelb ausbacken.

Die fertigen Briuats auf Küchenkrepp abtropfen lassen und mit Zitronenspalten garniert heiß servieren.

Fisch-B'stila

FÜR 8 PERSONEN
VORBEREITUNG: 30 Minuten
GARZEIT: 1 Stunde 5 Minuten

1 kg Kalmare (Tintenfisch), küchenfertig
3 EL Erdnussöl
1 kg mittelgroße Garnelen, geschält und Därme entfernt
2 Knoblauchzehen, durchgepresst
Saft von 1 Zitrone
Salz, Pfeffer
300 g festfleischige, weiße Fischfilets
1 Zwiebel, gehackt
Je 1 Bund Petersilie und Koriandergrün, gehackt
10 Blätter Filoteig
1 Eigelb

Die Kalmare waschen und in kleine Stücke schneiden. In einer Sauteuse das Öl erhitzen und die Kalmare, Garnelen, den Knoblauch, Zitronensaft, Salz und Pfeffer 10 Minuten anschwitzen.

Inzwischen die Fischfilets salzen und pfeffern und in einer Brühe mit Zwiebel und Kräutern einige Minuten blanchieren.

Den Fisch in Stücke schneiden, zu den Kalmaren in die Sauteuse geben und kurz mitschwitzen.

Den Ofen auf 150 °C vorheizen.

Eine große Gratinpfanne oder eine andere ofenfeste Form mit 5–6 Teigblättern so auslegen, dass die Teigränder großzügig über den Formrand hinauslappen. In der Mitte der Form zum Verschließen des Bodens 1 ganzes Teigblatt einlegen. Die vorbereitete Mischung einfüllen und gleichmäßig verteilen. Die Teigränder zur Mitte hin überschlagen und mit den restlichen Teigblättern bedecken. Den Teigdeckel mit dem verschlagenen Eigelb einpinseln.

Die B'stila im Ofen 35 Minuten backen und heiß servieren.

Chorba

FÜR 8 PERSONEN
VORBEREITUNG: 30 Minuten
GARZEIT: 1 Stunde

Die *chorba* ist eine leichte *harira* (Rezept Seite 40), die mit der Brühe von gedämpftem Fleisch zubereitet wird. Im Gegensatz zur *harira* wird diese Suppe jedoch nicht mit Mehl gebunden.

Man kann sie durch folgende Zutaten ergänzen:

Fleisch- oder Geflügelstücke
Verschiedene Gemüse (Zucchini, Möhren, weiße Rübchen, Kartoffeln), in Würfel geschnitten
Gehacktes Koriandergrün
2 Tomaten, zerkleinert
Vermicelli
Safran, Salz, Pfeffer

Hühnerbrühe für die Wöchnerin

FÜR 1 PERSON
VORBEREITUNG: 15 Minuten
GARZEIT: 1 Stunde

2 große Zwiebeln
4 Knoblauchzehen
1 Suppenhuhn
1 Bund Petersilie
1 EL *ras el hanut* (siehe Seite 22 und 63)
1 TL frische Thymianblätter
1 TL gehackte Pfefferminze
1 TL frisch gemahlener Pfeffer

Die Zwiebeln und den Knoblauch schälen und hacken. Die Zwiebeln beiseite stellen.

Den Knoblauch mit den Kräutern und Gewürzen vermengen und das Huhn mit der Mischung füllen.

In einem großen Topf 2 Liter Wasser zum Kochen bringen, das Huhn einsetzen, die Zwiebeln zugeben und alles bei milder Hitze 1 Stunde köcheln lassen.

Die fertige Brühe durch ein Sieb passieren und mit mundgerecht zerteilten Hühnerstücken anreichern.

OBEN: *„Chorba" wird häufig mit getrockneten Datteln oder Feigen serviert.*

DIE GEBURT

Jedes Fest hat seine eigene kulinarische Tradition. Die Geburt eines Kindes wird zuallererst durch Freudengeschrei und Gesänge verkündet. Anschließend kocht man zur Stärkung der jungen Mutter eine kräftige Hühnerbrühe mit gehacktem Knoblauch, Safran, Thymian und Minze, die mit hart gekochten Eiern garniert wird. Auch der traditionell zubereitete und sehr nahrhafte *selloh*, eine Art Konfekt aus Mehl, Sesam und zerstoßenen Mandeln, soll der Wöchnerin Kraft spenden und fördert angeblich die Produktion der Muttermilch. Die ganze Familie erscheint zu dem freudigen Anlass und bringt große Körbe voller Geschenke, darunter Gebäck, Zucker, Tee und sogar Geflügel für das große Fest am siebten Tag nach der Geburt. An jenem Morgen werden alle möglichen Sorten Crêpes serviert – *rghaïf, malaui, beghir* –; anschließend wird die *shahada*, ein islamisches Gebet, gesprochen, ein Hammel geopfert und in Anwesenheit aller Angehörigen der Vorname des Neugeborenen verkündet. In einigen Gegenden streut man Salz in die Ecken des Hauses, um das Baby vor den *jnun*, den bösen Geistern, zu schützen. Zum Mittag- oder Abendessen folgt ein großer Empfang für Freunde, Familie und Nachbarn, die eine Fülle von Geschenken für Mutter und Kind mitbringen.

OBEN: *Nach der Entbindung serviert man der jungen Mutter diese kräftigende Hühnerbrühe mit Einlage und ein hart gekochtes, mit Gummiarabikum bestreutes Ei.*

Zwiebel

Zwiebeln sind in der marokkanischen Küche unverzichtbar.

Minze

In der Küche maßvoll verwendet, gehört frische Minze mit ihren dunkelgrünen Blättern in üppigen Mengen in den grünen Tee.

Knoblauch

Knoblauch aromatisiert vor allem Gerichte mit Hülsenfrüchten.

Koriandergrün

Das ausgeprägte Aroma von frischem Koriandergrün, auch „arabische Petersilie“ genannt, verfeinert unzählige marokkanische Gerichte.

Ingwer

Die Schärfe von geriebenem Ingwer passt zu süßen wie zu herzhaften Gerichten.

الأعشاب الرطبة

FRISCHE KRÄUTER

Koriandergrün, Petersilie, Thymian, Fenchel, Beifuß ... In den marokkanischen Souks türmen sich die Kräuter auf den Ständen zu riesigen grünen Bergen, hinter denen die Händler fast verschwinden. Die meisten dieser aromatischen Kräuter werden frisch verwendet und halten sich in ein feuchtes Tuch eingewickelt im Kühlschrank mehrere Tage. Abgesehen von ihren Eigenschaften als Würzmittel werden sie auch wegen ihrer vielfältigen Heilkräfte geschätzt. Die in Marokko *naa-naa* genannte grüne Minze ist für die Zubereitung von grünem Tee unverzichtbar. Sie wird büschelweise auf den Märkten angeboten. Koriander, ein zartes Gewächs mit weißen Blüten, wird meist frisch und fein gehackt verwendet. Ob Suppen, Couscous-Brühe, Marinaden oder Tagines, die säuerlich-scharfen Blätter dieses Küchenkrauts aromatisieren zahllose Gerichte. Glatte Petersilie gilt als Stärkungsmittel, die krause Verwandte wird nicht verwendet. Der in Marokko angebaute Beifuß ist eine langstielige Pflanze mit silbrig schimmernden Blättern. Er wird besonders wegen seiner appetitanregenden Wirkung geschätzt. Basilikum wächst unter der königlichen Sonne Marokkos praktisch überall. Salbei und Eisenkraut werden zumeist für Aufgüsse verwendet. Knoblauch ist wie Salbei ein natürliches Antiseptikum; er ist bekömmlicher, wenn man vor der Verwendung den Keim entfernt. Zwiebeln sind reich an Schwefel, Jod, Phosphor und Eisen.

Glatte Petersilie

Glatte Petersilie ist ein anspruchsloses, schnell wachsendes Kraut. Wie Minze und Koriandergrün wird sie bundweise auf den Souks oder von umherziehenden Straßenhändlern verkauft.

Sardinen mit „chermula“ gefüllt findet man entlang der Atlantikküste praktisch auf jedem Tisch. Im Sommer ziehen die Fische aus dem Süden kommend in großen Schwärmen vor Agadir, Safi und Essaouira vorbei. Safi ist in der ganzen Welt für seine zumeist für den Export bestimmten Sardinenkonserven bekannt.

Chermula

FÜR 6 PERSONEN
VORBEREITUNG: 20 Minuten
GARZEIT: 5 Minuten

2 Knoblauchzehen
Salz
1/2 TL süßes Paprikapulver
1 Bund Koriandergrün
1/2 Bund Petersilie
1/2 TL gemahlener Kreuzkümmel
1/4 TL frisch gemahlener Pfeffer
Saft von 1 Zitrone
1 TL Essig
1 EL Öl

Den Knoblauch, das Paprikapulver und Salz in der Gewürzmühle oder im Mixer zu einer Paste verarbeiten. Die restlichen Gewürze und Kräuter zugeben und ebenfalls zermahlen. Den Zitronensaft, Essig und das Öl zugeben und alles zu einer glatten Masse verarbeiten. Die Mischung in einer Kasserolle auf niedriger Stufe langsam erwärmen, damit sich die Aromen miteinander verbinden; aber nicht kochen lassen. Die Sauce vor der weiteren Verwendung abkühlen lassen.

Die *chermula* lässt sich sowohl für kalte als auch für warme Zubereitungen verwenden.

Mit Chermula gefüllte Sardinen

FÜR 4 PERSONEN
VORBEREITUNG: 30 Minuten
GARZEIT: 15 Minuten

1 kg frische Sardinen
Chermula (Rezept gegenüberliegende Seite)
Mehl
Pflanzenöl zum Frittieren

Die Köpfe der Sardinen abtrennen. Die Fische am Bauch entlang aufschneiden, ausnehmen und die Mittelgräte entfernen. Die Sardinen waschen, gut flach drücken und mit Küchenkrepp trockentupfen. Mit der *chermula* füllen und in Mehl wenden.

Die Fische in heißem Öl von jeder Seite 5 Minuten ausbacken.

Auf einer Platte anrichten und nach Wunsch mit Zitronenspalten garnieren.

Fischspieße

FÜR 4 PERSONEN
VORBEREITUNG: 20 Minuten
GARZEIT: 10 Minuten

1 kg Fischfilets (Zackenbarsch oder Seeteufel), in große Würfel geschnitten
Chermula (Rezept gegenüberliegende Seite)
3–4 Tomaten, in Spalten geschnitten
3–4 eingelegte Zitronen, in Spalten geteilt (Rezept Seite 66)

Die Fischwürfel für einige Stunden in der *chermula* marinieren lassen und abwechselnd mit den Tomaten- und Zitronenspalten auf Holzspieße stecken.

Die Spieße unter dem Backofengrill oder auf einem Fleischgrill von allen Seiten gleichmäßig grillen.

Mit Reis oder einem Tomaten-Zwiebel-Salat (Rezept Seite 140) servieren.

Fisch-Tagine

FÜR 8 PERSONEN
VORBEREITUNG: 20 Minuten
GARZEIT: 1 Stunde 30 Minuten

2 Zwiebeln
1 unbehandelte Zitrone
500 g Tomaten
8 dicke, weiße Fischfilets (je 150 g)
1 eingelegte Zitrone, in Streifen geschnitten
2 Paprikaschoten, gehackt
2 EL *chermula* (Rezept Seite 102)
4 EL Öl
1/2 EL Tomatenmark
10 Safranfäden, im Mörser zermahlen

Die Zwiebeln schälen und in Ringe schneiden. Die Zitrone und die Tomaten waschen und in Scheiben schneiden.

Den Boden einer Tagine oder anderen tiefen, ofenfesten Form mit etwa der Hälfte der Zwiebelringe, Tomaten- und Zitronenscheiben auslegen. Die Fischfilets darauf verteilen und mit den restlichen Zwiebeln, Tomaten, Zitronenscheiben, den Streifen eingelegter Zitrone und den Paprikawürfeln bedecken.

Die *chermula* mit 1 Glas (200 ml) Wasser, dem Öl, Tomatenmark und Safran verrühren. Die Mischung über dem Fisch und Gemüse verteilen. Den Tagine-Deckel aufsetzen (eine andere Form mit Alufolie abdecken) und die Tagine im Ofen bei 200 °C 30–40 Minuten garen (wird kein Tagine-Topf verwendet, den Ofen vorheizen).

Sie können die Fische auch im Tagine-Topf auf dem Herd garen, wobei sich die Garzeit etwas verkürzt.

LINKS: *Fische mittlerer Größe, wie zum Beispiel Forelle, lassen sich hervorragend mit „chermula" füllen und im Ganzen in der Pfanne oder im Ofen garen.*

Frittierte Alse

FÜR 8 PERSONEN
VORBEREITUNG: 20 Minuten
GARZEIT: 5 Minuten

1 Alse (etwa 1 kg), geschuppt, (ersatzweise große Frühjahrsheringe)
Chermula (Rezept Seite 102)
5 EL Mehl
10 EL Pflanzenöl zum Frittieren

Die Alse (eine sehr delikate Verwandte des Herings und der Sardine) von innen und außen waschen und mit Küchenkrepp trockentupfen.

Den Fisch in 2 cm dicke Scheiben schneiden und zunächst in der *chermula*, dann in dem Mehl wenden.

In einer Pfanne das Öl erhitzen. Die Fischscheiben in das heiße Öl gleiten lassen und von beiden Seiten goldgelb ausbacken.

Den frittierten Fisch abtropfen und abkühlen lassen. Er wird traditionsgemäß kalt serviert.

الزعفران SAFRAN

Die Narben der Safrankrokusse mit ihren hübschen, mauvefarbenen Blüten sind kostbar wie Gold.

In Taliouine zwischen Ouarzazate und Agadir wachsen die Krokusse in 1200 bis 2000 Metern Höhe auf einigen hundert Hektar kalkhaltigem Boden. Sie werden im September gepflanzt und blühen gegen Ende Oktober. Die schwierige Ernte dauert zwischen fünfzehn und zwanzig Tagen. Die orangeroten Narben müssen per Hand aus der Mitte jeder einzelnen Blüte herausgelöst werden, noch bevor sie die morgendliche Sonne öffnet. Der anschließend getrocknete Safran wird in luftdichten, lichtundurchlässigen Säcken abgepackt, damit er sein Aroma bewahrt.

Für ein Kilo Safran werden rund hunderttausend Blüten benötigt. Ein Gramm genügt, um sieben Liter Wasser zu färben. Qualitativ hochwertiger Safran wird stets in ganzen Fäden angeboten. Zu Pulver zermahlen und lose auf den Märkten verkauft, verliert er sehr rasch sein Aroma. Sein unvergleichlicher Geschmack macht den Safran zu einem geschätzten Würzmittel, doch da er sehr teuer ist, wird er in der marokkanischen Küche nicht selten durch Kurkuma, den „Safran der Armen", ersetzt.

Fisch mit Zwiebeln und Safran

FÜR 6 PERSONEN
VORBEREITUNG: 10 Minuten
GARZEIT: 30 Minuten

2 kg Fisch (Dorade, Brasse oder Seebarbe), in große Stücke zerteilt
6–8 EL Erdnussöl
5 Zwiebeln, gehackt
1 TL gemahlener Ingwer
1–2 Prisen gemahlene Safranfäden
Salz
1–2 eingelegte Zitronen, in Streifen geschnitten

Die Fischstücke in einen Schmortopf geben, der Platz im Ofen hat. Das Öl und die Zwiebeln zugeben und mit dem Safran und Ingwer würzen. Im Ofen bei milder Hitze (160 °C) zugedeckt etwa 1/2 Stunde garen. Bei Bedarf etwas Wasser zugießen, damit der Fisch nicht ansetzt. Mit Salz abschmecken. Vor dem Servieren vorsichtig die Zitronenstreifen untermengen. Die Sauce sollte nicht zu flüssig sein. Nötigenfalls den Fisch herausnehmen und die Sauce auf dem Herd bei lebhafter Hitze etwas einkochen lassen.

OBEN: *Wird Safran lose als Pulver angeboten, muss man damit rechnen, dass er gestreckt wurde oder sich sein Geschmack bereits zum großen Teil verflüchtigt hat. Nur die ganzen, luftdicht und lichtundurchlässig verpackten Fäden bewahren das volle Aroma.*

GEGENÜBERLIEGENDE SEITE: *Diese Tagine ist ein besonderer Genuss, wenn man den Fisch vor der Zubereitung einige Stunden in „chermula" marinieren lässt.*

Fisch-Couscous

FÜR 8 PERSONEN
VORBEREITUNG: 1 Stunde
GARZEIT: 2 Stunden

FÜR DIE BRÜHE:
2 Lorbeerblätter
Olivenöl
1 Bund Koriandergrün, gehackt
1 Bund Petersilie, gehackt
2 große Zwiebeln, im Ganzen
2 scharfe Chilischoten
150 g Kichererbsen, über Nacht eingeweicht
10 weiße Rüben
8 Möhren
3 Zucchini
1 Zwiebel, gehackt
4 Knoblauchzehen, gehackt
1 kg sehr reife Tomaten
2 kg Fisch (Brasse, Wolfsbarsch, Zackenbarsch oder Dorade), je nach Größe ganz oder in Stücke zerteilt

Im unteren Topfteil des Couscoussier oder eines Dämpftopfs 3 Liter Wasser mit dem Lorbeer, etwas Öl, den Kräutern, Zwiebeln und Chilis vermengen. Die Kichererbsen und die zerkleinerten Rüben, Möhren und Zucchini zugeben und zugedeckt etwa 1 Stunde kochen. Im oberen Topfteil währenddessen den Couscous nach der Anleitung auf Seite 150 zubereiten.

In einer Sauteuse die gehackte Zwiebel und den Knoblauch in etwas Olivenöl anschwitzen. Die enthäuteten, gewürfelten Tomaten zugeben und garen, bis sie zerfallen sind und sämtliche Flüssigkeit abgegeben haben.

Den Fisch in der Gemüsebrühe gar ziehen. Auf einer Platte anrichten und mit der Tomatensauce überziehen.

Den Couscous auf einer weiteren Platte anrichten und gemeinsam mit dem Fisch servieren. Die Brühe mit dem Gemüse in einer Suppenterrine dazu reichen.

Das Garen des Fischs für einen Couscous ist etwas heikel. Je nach Größe sollte man ihn zerteilen oder ganz lassen. Nehmen sie eine festfleischige Sorte und achten Sie darauf, die Gräten sorgfältig zu entfernen. Am besten, Sie garen den Fisch separat.

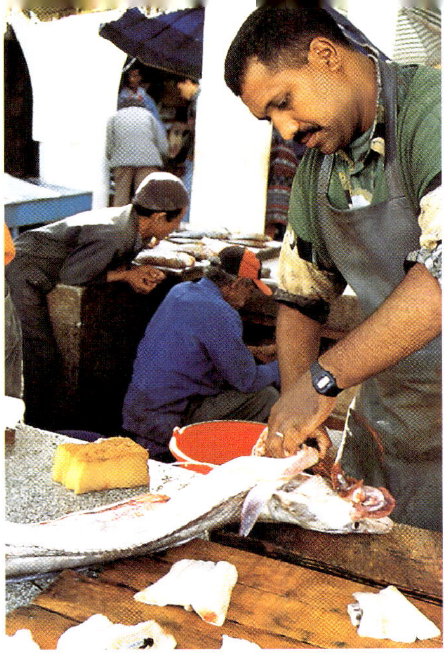

Fisch-Kefta (Frittierte Fischbällchen)

FÜR 8 PERSONEN
VORBEREITUNG: 30 Minuten
GARZEIT: 10 Minuten je Fischbällchen

750 g weißes, grätenfreies Fischfilet
1 mittelgroße Zwiebel, gehackt
2 Knoblauchzehen, gehackt
1 Bund Petersilie, gehackt
1 TL gemahlener Kreuzkümmel
1/2 TL süßes Paprikapulver
1 Prise scharfes Paprikapulver
Salz
1 Ei
1 EL Olivenöl
2 EL Mehl
Pflanzenöl zum Braten

Den Fisch waschen, trockentupfen und fein hacken oder im Mixer zerkleinern. Mit den Zwiebeln, dem Knoblauch, der Petersilie und sämtlichen Gewürzen in einer Schüssel gründlich vermengen.

Das Ei, Olivenöl und 1 Esslöffel Wasser zugeben und alles mit den Händen zu einer homogenen Masse verarbeiten. Aus der Hackmasse walnussgroße Bällchen formen.

Die Fischbällchen in dem Mehl wenden und in der Pfanne in heißem Öl von allen Seiten 5 Minuten ausbacken.

Oben: *Fischdampfer haben im Hafen von Mohammedia angelegt.*

Rechts: *Zum Teil über dem Meer gebaut, überragt die Hassan-II.-Moschee mit ihrem 200 Meter hohen Minarett die Stadt Casablanca. Ihr Vorplatz nimmt 80 000 Gläubige auf.*

Gegenüberliegende Seite: *Fangfrisch werden die Fische im Hafen von Essaouira gegrillt und zum Verzehr angeboten.*

Tagine Suiri (Hähnchen-Tagine)

FÜR 8 PERSONEN
VORBEREITUNG: 30 Minuten
GARZEIT: 1 Stunde 15 Minuten

2 Hähnchen (je 1,5 kg)
1 große Zwiebel
4 Knoblauchzehen
50 g zerlassene Butter
20 ml Öl
1 TL Salz
1 TL frisch gemahlener Pfeffer
1 TL gemahlener Ingwer
1 Prise Safran
8 Eier
1 Bund Petersilie
Saft von 1 Zitrone
1 Streifen eingelegte Zitrone zum Garnieren

GEGENÜBERLIEGENDE SEITE: *Die Besonderheit dieser Hähnchen-Tagine ist, dass sie im Ofen fertig gestellt wird, wobei sich die Sauce in ein würziges Omelett verwandelt.*

Die Hähnchen in Stücke zerteilen. Die Zwiebel und den Knoblauch schälen und fein hacken.

In einem Schmortopf die Butter und das Öl erhitzen, Zwiebeln, Knoblauch und die Hähnchenstücke kurz anschwitzen. Die Gewürze zugeben und alles großzügig mit Wasser bedecken. Zugedeckt bei mittlerer Hitze etwa 1 Stunde garen.

Nach Ende der Garzeit das Fleisch herausheben und in einer Tagine oder ofenfesten Form warm stellen. Die Sauce etwas einkochen lassen und über den Hähnchenstücken verteilen.

Inzwischen die Eier in einer Schüssel mit etwas Salz gründlich verschlagen. Die sehr fein gehackte Petersilie und den Zitronensaft zugeben und verrühren.

Die Ofentemperatur auf 160 °C stellen, den Ofen aber nur kurz vorheizen.

Die Hähnchenstücke mit ²/₃ der Eiermasse übergießen, den Rest in einer Kasserolle beiseite stellen. Die Tagine für weitere 10–15 Minuten in den Ofen schieben. Dabei den Garprozess ständig überwachen. Das Ei sollte nicht übergaren. Sobald es zu stocken beginnt, die Form aus dem Ofen nehmen. Durch die in der Form gespeicherte Hitze gart die Eimasse langsam nach. Vor dem Servieren die restliche Omelettmasse auf dem Herd zubereiten, auf der Tagine verteilen und mit der Zitrone garnieren.

Tauben mit Datteln

FÜR 6 PERSONEN
VORBEREITUNG: 30 Minuten
GARZEIT: 45 Minuten

75 g Butter
6 junge Tauben, ausgenommen und gewaschen
3 große Zwiebeln, gehackt
1 Knoblauchzehe, durchgepresst
1 TL gemahlener Ingwer
Salz
1 Prise Safran
700 g Datteln, entsteint
1 TL gemahlener Zimt
4 EL Akazienhonig

In einem großen Schmortopf die Butter zerlassen. Die Tauben einsetzen, die Zwiebeln und den Knoblauch zugeben und mit Salz, Safran und Ingwer würzen. Dann $^3/_4$ Liter kaltes Wasser zugießen.

Den Topf halb verschließen und die Tauben bei milder Hitze eine gute halbe Stunde garen (die Garzeit kann je nach Hitze und Zartheit der Tauben bis zu 45 Minuten betragen). Die Datteln, den Zimt und Honig zugeben und weitere 15 Minuten köcheln lassen.

Die Tauben kreisförmig auf einer Platte anrichten, die Datteln in die Mitte geben und alles mit der Sauce überziehen.

Hähnchen-Tagine mit Aprikosen und Rosinen

FÜR 6 PERSONEN
VORBEREITUNG: 30 Minuten
GARZEIT: 1 Stunde

1 Poularde
1 große Zwiebel
4 EL Olivenöl
1 TL Salz
1/2 TL frisch gemahlener Pfeffer
1/2 TL gemahlener Zimt und
2 Zimtstangen
1/2 TL gemahlener Ingwer
1 Prise Safran
1/2 Bund Petersilie
2 EL Honig
12 getrocknete Aprikosen
100 g helle Rosinen

Die Poularde waschen, trockentupfen und in Stücke zerteilen. Die Zwiebel schälen und hacken.

In der Tagine oder einem Schmortopf das Öl erhitzen, die Zwiebeln anschwitzen, die Gewürze zugeben und mit 1/2 Liter kaltem Wasser auffüllen und verrühren. Die Hühnerteile einlegen und alles zum Kochen bringen.

Das zusammengeschnürte Bund Petersilie zugeben und das Tagine-Gericht zugedeckt so lange köcheln lassen, bis sich das Fleisch problemlos vom Knochen lösen lässt. Zwischendurch die Hühnerteile regelmäßig wenden. Das Fleisch herausheben und warm stellen.

Den Honig in die Sauce einrühren und die Aprikosen und die zuvor kalt abgespülten Rosinen hinzufügen. Unbedeckt bei milder Hitze 15 Minuten einkochen lassen. Die Sauce sollte von sämiger Konsistenz sein.

In der Tagine servieren oder Poulardenstücke auf einer Platte anrichten und mit der Sauce und den Früchten überziehen.

Neben Feigen und Dörrpflaumen sind auch „mechmech“, kleine, sehr aromatische getrocknete Aprikosen hervorragend für Huhn- oder Lamm-Tagines geeignet.

Couscous Medfun (Lamm-Couscous mit Zucker und Zimt)

FÜR 8–10 PERSONEN
VORBEREITUNG: 30 Minuten
QUELLZEIT: 30 Minuten
GARZEIT: 1 Stunde 30 Minuten

Der Couscous „medfun", auch „Couscous Surprise" (Überraschungs-Couscous) genannt, wird mit Zucker und Zimt garniert. Dazu trinkt man in Marokko üblicherweise ein Glas kalte Milch.
Wer die Zeit für die etwas aufwendige Couscous-Zubereitung nicht aufbringt, kann auch fertigen (Instant-)Couscous verwenden.

5 Zwiebeln
700 g Lammschulter, in Stücke zerteilt
100 g Butter plus 125 g für den Couscous
Salz
$\frac{1}{2}$ TL frisch gemahlener Pfeffer
1 TL gemahlener Zimt
1 Messerspitze Safran
1 kg mittelfeiner Couscous
1 EL Erdnussöl
Zucker und Zimt zum Garnieren

Die Zwiebeln schälen und hacken. In einem Schmortopf das Fleisch und die Zwiebeln in 100 g Butter anschwitzen; salzen, pfeffern und den Zimt und Safran zugeben. Mit Wasser bedecken und bei mittlerer Hitze garen, bis sämtliche Flüssigkeit verkocht ist. Beiseite stellen.

Den Couscous in einer großen, flachen Schüssel aus Ton oder Holz (*ga'saa*) ausbreiten. Die Hände mit etwas Erdnussöl einfetten und den Grieß zwischen den Handballen und Fingern reiben, bis die Grießkörner mit einem gleichmäßigen Ölfilm überzogen sind. Den Couscous mit $\frac{1}{4}$ Liter kaltem Wasser benetzen und erneut zwischen den Händen reiben, bis sich die Grießkörner voneinander lösen. Es dürfen keine Klümpchen zurückbleiben. Den Grieß 15 Minuten quellen lassen.

Den Vorgang einmal wiederholen. Den Couscous im Dämpfeinsatz des Cousoussier 15 Minuten im Dampf garen.

Den Couscous erneut in der *ga'saa* ausbreiten und abkühlen lassen. Den Grieß mit einer Gabel durcharbeiten, sodass sich die Körner voneinander trennen. Anschließend weitere 5–10 Minuten dämpfen. Die Butter unterziehen.

Zum Servieren in einer flachen Schüssel eine Schicht Couscous ausbreiten und das Fleisch mit der Sauce darauf verteilen. Das Fleisch mit dem restlichen Couscous vollständig bedecken. Mit Zucker und Zimt garnieren.

فن إعداد المائدة

DIE KUNST DES TISCHDECKENS

Eine traditionelle marokkanische Mahlzeit vollzieht sich an einem runden, flachen Tisch, der in einer Ecke des Salons zwischen langen, mit Kissen bedeckten Diwans steht. Davor liegen Polster, auf denen sich die Gäste niederlassen. Die bestickten Tischtücher sind farblich auf die großen Servietten abgestimmt, die man auf seinen Knien ausbreitet. Zunächst kreist ein Handwaschbecken um den Tisch und eine Kanne, die einen feinen Duft nach Orangenblüten- oder Rosenwasser verströmt. Sobald der Hausherr die heilige Formel *bismillah* (Im Namen Gottes) verkündet hat, kann das Mahl beginnen. Die Salate werden auf kleinen Tellern, Salz, Pfeffer und Kreuzkümmel in Schälchen auf dem Tisch arrangiert. Das runde, in Stücke zerteilte Fladenbrot ist immer reichlich vorhanden. In Ermangelung von Besteck dient es zum Aufnehmen des Fleischs und der Sauce. Von der großen, in der Mitte des Tischs abgesetzten Schüssel bedient sich jeder mit dem Daumen, Zeigefinger und Mittelfinger der rechten Hand; die linke Hand gilt als unrein. Eine gewöhnliche Mahlzeit besteht aus einer B'stila oder gebratenen Spießen, einer Tagine oder freitags aus einem Couscous und wird mit einem Korb frischer Früchte und dem *hamdullilah* (Gott sei Dank) des Hausherrn beschlossen. Man wäscht sich erneut die Hände und wechselt anschließend den Tisch, um einen Minztee und ein paar Süßigkeiten zu genießen.

Eine Auswahl erfrischender Salate, serviert auf flachen Tellern, eröffnet ein sommerliches Mahl.

Mit Anis oder Sesam gewürztes Fladenbrot („kesra") ersetzt bei Tisch das Besteck.

Für jeden Hausherrn ist die Gastfreundschaft ein heiliges Gebot.

Auf dem bestickten weißen Tischtuch verstreute Rosenblätter tragen zusätzlich zum Raffinement eines Festmahls bei.

Melonen-Orangen-Salat mit Zimt

Nicht weniger als fünf verschiedene Orangensorten gedeihen in der Sous-Ebene im Westen des Landes.

FÜR 4 PERSONEN
VORBEREITUNG: 20 Minuten
KÜHLZEIT: 2 Stunden

4 Orangen
1 Wassermelone
Saft von 2 Orangen
3 EL Orangenblütenwasser
2 EL Zucker
1 TL gemahlener Zimt
Einige Blättchen Minze zum Garnieren

Die Orangen sauber abschälen und in Scheiben schneiden. Die Wassermelone halbieren, Kerne entfernen, das Fruchtfleisch herauslösen und in Würfel schneiden. Eine flache Schale mit den Orangenscheiben auslegen und die Melonenwürfel in der Mitte darauf arrangieren.

In einer Schüssel den Orangensaft, das Orangenblütenwasser, Zucker und Zimt verrühren. Die Mischung über den Früchten verteilen, mit der Minze dekorieren und gut gekühlt servieren.

ORANGENBLÜTENWASSER

ماء الزهر

Der Wohlgeruch einiger Tropfen Orangenblütenwasser, zerstäubt mit einem Duftspender, ist ein denkbar bezaubernder Auftakt eines Mahls. Orangenblütenwasser beruhigt, schmeichelt der Nase und veredelt Speisen, Milch, Süßigkeiten und Konfekt. Man befeuchtet damit das Haar der jungen Braut, besprüht das Grab eines Verstorbenen und benetzt sich an großen Feiertagen als Zeichen der Reinheit Hände und Gesicht. Die duftenden Blüten von Pomeranzen – bitteren Orangen – werden im Frühling geerntet und anschließend in der *quetrara,* dem Destillierkolben, destilliert. Aus einem Kilogramm Blüten lassen sich etwa zwei Liter Orangenblütenwasser extrahieren. Im unteren Teil des Destillierkolbens kocht das Wasser. Darüber ruhen auf einem in der Mitte mit Löchern versehenen Einsatz die Blüten. Der obere Teil des Kolbens ist mit kaltem Wasser gefüllt und mit zwei Röhrchen ausgestattet. Durch das erste steigt der Wasserdampf empor, nachdem er die Orangenblüten passiert hat. Das parfümierte Wasser kühlt dabei ab und wird Tropfen für Tropfen in einem bereitstehenden Fläschchen aufgefangen. Das zweite Röhrchen dient dazu, das sich allmählich erwärmende Wasser durch kaltes auszutauschen. Die gefüllten Fläschchen werden luftdicht verschlossen und an einem dunklen Ort aufbewahrt.

Rghaïf mit Eiern (Eierküchlein)

FÜR 6 PERSONEN
VORBEREITUNG: 20 Minuten
GARZEIT: 5 Minuten je Pfannkuchen

Crêpes, Brioches und kleine Mandelküchlein sind in ganz Marokko verbreitet und werden besonders an Feiertagen zum Frühstück oder zum Minztee gereicht.

3 Eier
12 Blätter Filoteig
Pflanzenöl zum Ausbacken
2 EL Zucker
1 TL gemahlener Zimt

Die Eier in einer Schüssel gründlich verschlagen.

Die Teigblätter nach und nach durch die Eiermasse ziehen und zu Quadraten zusammenfalten.

Das Öl in einer Pfanne erhitzen, einen Teigfladen einlegen und von der einen Seite goldgelb und knusprig ausbacken. Dabei die Oberseite wiederholt mit dem heißen Öl überziehen. Den Fladen wenden und in 2 Minuten fertig backen.

Sämtliche Teigblätter auf die gleiche Weise verarbeiten. Je nach Größe der Pfanne können Sie auch mehrere Fladen gleichzeitig ausbacken.

Die fertigen Eierküchlein auf Küchenkrepp abtropfen lassen, mit Zucker und Zimt bestreuen und heiß servieren.

Gor (Brioches)

ERGIBT 12 BRIOCHES
VORBEREITUNG: 1 Stunde
RUHEZEIT: 4 Stunden
BACKZEIT: 45 Minuten

1 kg Mehl
200 g Zucker
2 Eier
2 TL Fenchelsamen
1 Prise Salz
200 g zerlassene Butter
1/2 TL Gummiarabikum
(siehe Seite 183)
600–700 ml Milch
25 g Trockenhefe oder 60 g frische Hefe
1 Eigelb
2 TL Sesamsamen

In einer Schüssel das Mehl, den Zucker, die Eier, die Fenchelsamen, Salz, die Butter und das Gummiarabikum vermengen. Die Milch aufkochen und abkühlen lassen. Die Hefe in etwas lauwarmer Milch auflösen und unter die anderen Zutaten mengen. Unter behutsamem Rühren die restliche lauwarme Milch einarbeiten.

Die Masse zu einem glatten, elastischen Teig verkneten, der nicht mehr an den Händen klebt. Den Teig zu einer Kugel formen, mit etwas Mehl bestäuben und zugedeckt an einem warmen Ort etwa 2 Stunden gehen lassen.

Den Teig zu Kugeln von der Größe einer Mandarine formen. Die Kugeln flach drücken und zugedeckt weitere 2 Stunden gehen lassen.

Den Ofen auf 210 °C vorheizen.

Die Teigkugeln mit dem mit etwas Wasser verrührten Eigelb einpinseln und mit den Sesamsamen bestreuen. Im Ofen 45 Minuten backen. Die Brioches sollten goldgelb und schön aufgegangen sein.

الخزف المطلي

LEHMGESCHIRR UND FAYENCEN

Zu jeder Mahlzeit thront in der Mitte des flachen Tisches eine Tagine *slaui*, ein runder Topf aus gebranntem naturbelassenem Lehm aus der Stadt Salé. Er kommt direkt vom Herd auf den Tisch, wo sein kegelförmiger Deckel die Speisen warm hält. Man bereitet darin Tagines, Kefta oder *khlii* mit Eiern. Zum häufigsten verwendeten Essgeschirr zählen die *taus*, große runde Teller aus chinesischem Porzellan oder bemalter Tonware, die je nach Farbe der Speisen ausgewählt werden. Salate werden auf kleinen Tellern serviert, Suppe kommt in Schalen auf den Tisch. Farbe und Stil geben Auskunft über die Herkunft der glasierten Fayencen. Keramik aus Fes mit ihrem hauptsächlich kobaltblauen Dekor zählt zum feinsten Tischgeschirr überhaupt. Es ist mit geometrischen, stilisierten Mustern oder Blumenmotiven verziert. Keramik aus Salé erkennt man an ihren rosa, blassgrünen und blauen Pastelltönen, die aus Safi an den mehrfarbigen Berber-Motiven, die dank der Fantasie ihrer Hersteller in den vergangenen Jahren noch vielfältiger geworden sind. Zu den reich verzierten Fayencen in den Städten gesellt sich die eher anspruchslose Töpferware der Berber mit ihren rustikalen, schlichten Formen aus braunem oder ockerfarbenem Ton. Als rein funktionelle Gebrauchsgegenstände sind diese Erzeugnisse in erster Linie für den häuslichen Gebrauch bestimmt. Das Sortiment umfasst Schälchen, Butter- und Milchtöpfe, Krüge, Amphoren und vieles mehr.

GEGENÜBERLIEGENDE SEITE: *Buttertopf, Keramik aus Fes.*

Die Tonware der Berber wird von den Männern auf der Töpferscheibe gedreht oder von den Frauen von Hand geformt. Die Beschaffenheit der Amphoren, Krüge, Schüsseln, Teller richtet sich nach ihrem funktionalen Zweck, die Verzierung kommt erst an zweiter Stelle.

Das Dessin der Fayencen aus Safi mit seinen geschwungenen Linien ist von vollkommener Symmetrie und herrlich leuchtenden Farben.

Wegen ihres abgerundeten Bodens können diese im Atlas hergestellten Tongefäße mit ihrem braunen und ockerfarbenen Dekor nur auf einem Dreifuß aufrecht stehen.

Marrakesch und der Süden

مراكش و الجنوب

Marrakesch und der Süden

Links: *Dieses große Wasserbecken speist die Gärten der Menara, in denen Hunderte von Olivenbäumen wachsen.*

Rechts: *Dicht an dicht drängen sich ineinander geschobene Pantoffeln in den Auslagen der Schuhmacher.*

Marrakesch, eine pulsierende, weltoffene Stadt, berühmt für die Warmherzigkeit ihrer Bewohner, ist ein kultureller Schmelztiegel aus Arabern, Berbern und Sahariern. Der Legende nach entstanden die Palmenhaine Marrakeschs durch einige von den Soldaten des Youssouf Ben Tachfin, der im Jahre 1062 die Stadt gründete, achtlos weggeworfene Dattelkerne. Die Oase verdankt ihre Existenz in erster Linie den enormen Anstrengungen des Sultans, das bis dahin unbesiedelte Gebiet zu bewässern. Es entstand ein gigantisches unterirdisches Kanalsystem, das von Brunnen gespeist wurde, die noch heute die üppigen Gärten der Stadt bewässern. Die Almoraviden und Almohaden (Berberdynastien) machten Marrakesch zu ihrer Hauptstadt. Die Meriniden verlegten ihre Residenz jedoch nach Fes. Erst mit den Saadiern gelangte Marrakesch als Hauptstadt des Reiches wieder zu seiner alten Bedeutung. An einer damals wichtigen Durchgangsstraße vom Atlantik nach Schwarzafrika gelegen, profitierte die Stadt von den Goldtransporten aus dem Sudan quer durch die Sahara. Sie zeitigten die Errichtung imposanter, monumentaler Bauten. Die Paläste strotzten vor edlen Materialien wie Marmor, Stuck, Gold, Elfenbein und Ebenholz.

Die berühmte Djemaa el-Fna, ein Platz, an dem einst öffentlich Hingerichtete als Abschreckung zur Schau gestellt wurden, erfüllt das historische Zentrum der Reichsstadt mit pulsierendem Leben und ist noch heute ein Muss für jeden Besucher. Der von der Koutoubia-Moschee beherrschte, mitten im Herzen der Stadt gelegene Platz ist eine permanente Bühne für Gaukler, Musiker und Künstler. Schon am frühen Morgen füllt er sich mit bunten Sonnenschirmen, Bergen von Früchten und Gemüse, Kräuter- und Geflügelständen. Am Nachmittag bevölkern Straßengaukler, Märchenerzähler, Akrobaten, Schlangenbeschwörer, Jongleure und Possenreißer die Djemaa el-Fna und unterhalten die Menge. Wasserträger ziehen umher und bieten durstigen Passanten aus ihrem Lederbeutel zu trinken an. Um ihren Hals hängen kupferne Becher, die auf ihrem roten Gewand im Rhythmus der bunten Fransen ihrer großen Hüte scheppern. Am Abend, wenn der letzte Schein der Dämmerung den Platz in rosafarbenes Licht taucht, verwandelt sich die Djemaa el-Fna in ein riesiges Freiluftrestaurant. Eine bunte Schar strömt aus allen Himmelsrichtungen herbei und drängt sich um die Holzkohlegrills und Gaslaternen. Ganz in Weiß gekleidete Köche tauchen auf und errichten ihre von Tischen und Bänken umrahmten Garküchen. Ihre nach Spezialitäten geordneten Auslagen bieten würzige Leberspieße, gegrillte Seezunge, Schalen mit *harira,* gebackene Auberginen, verschiedene Tagines, Hähnchen mit Kurkuma, gedämpfte Hammelköpfe in Grießsuppe mit Kreuzkümmel …

Je nach Laune der Saison und den zum Teil extremen Temperaturschwankungen bietet Marrakeschs Küche eine große Auswahl an Gerichten. Kräftige, nahrhafte Suppen wärmen an kalten Winterabenden, während im Sommer unzählige farbenprächtige Salate mit Knoblauch und Kreuzkümmel die trockenen Kehlen erfrischen. Zu den Spezialitäten Marrakeschs und des Umlandes gehört die *tangia marrakchia,* ein pikantes Fleischgericht aus Schaf- oder Kalbfleisch. Eine weitere Besonderheit ist der *makful,* eine Lamm-Tagine mit Tomaten und Zwiebeln, die mit Safran, Zimt, Paprika, Ingwer und Honig gewürzt wird.

Eher kärglich ist das Leben der Bewohner des Atlasgebirges, deren Alltag ganz und gar dem Takt der Jahreszeiten unterliegt: Feld- und Forstarbeit, Getreideernte, Oliven-, Mandel- und Walnussernte, Verlesen des Mais, Einbringen der Rüben ... Es sind vor allem die landwirtschaftlichen Arbeiten, die den Lebensrhythmus vorgeben. Viele Dörfer leben in fast völliger Autarkie und ihre berberischen Bewohner haben nur eine Sorge: möglichst viele Reserven anzuhäufen, um die Familie über den Winter zu bringen.

Nur der Wochenmarkt bietet den Männern ab und zu die Gelegenheit, aus ihrer Isolation herauszukommen, um jene Produkte zu besorgen, die sie nicht selbst herstellen: Tee, Zucker, Öl, Salz, Kaffee, Streichhölzer. Den zum Überleben notwendigen Rest liefern die in den Hochtälern des Atlas angelegten winzigen Parzellen, wo Weizen, Gerste, Mais, Saubohnen, Kürbisse, Rüben, Zwiebeln und Kartoffeln angebaut werden. Der tägliche Speiseplan bietet wenig Abwechslung: Tagines mit verschiedenem Gemüse – Rüben, Möhren, Kartoffeln – und an Feiertagen auch das eine oder andere Stück Lammfleisch, Gerstengrieß mit zerlassenem *smen,* einer zunächst geklärten, dann mit Salz und getrockneten Kräutern aromatisierten und in einem Tontopf gereiften, mehrere Monate haltbaren Butter. Fleischloser Couscous kommt häufig auf den Tisch und natürlich das zu jeder Mahlzeit servierte Brot, das in Honig oder Olivenöl getunkt und mit Tee oder Kaffee hinuntergespült wird.

Die bescheiden ausgestatteten Küchen des Hohen Atlas, in denen an bitterkalten Tagen die ganze Familie versammelt ist, haben nur wenige kleine Maueröffnungen; Küchendunst erfüllt den Raum. Mehrere Pfannen mit Holzkohle sorgen für etwas Wärme und werden immer wieder angeschürt. Eine

In den zahlreichen Heiligtümern der großen Reichsstädte zieht man sich vor dem Betreten einer Moschee oder bevor man in einem Haus den Fuß auf einen Teppich setzt, die Schuhe aus.

Von links nach rechts: *Im Süden Marokkos ragen hohe Sanddünen inmitten der Steinwüste empor; Störche nisten ab Januar auf den Minaretten, und diese jungen Berber-Mädchen müssen schon früh im Haushalt helfen, wobei sie die Handgriffe ihrer Mutter nachahmen.*

heizt den Wasserkessel für den Tee, eine andere die Tagine *salui.* Die Frauen kümmern sich mal um das eine, mal um das andere Feuer. Durch einen hölzernen, mit einem gewebten Flechtwerk versehenen Rahmen sieben sie das zum Brotbacken benötigte Weizen- und Kleiemehl. Anschließend wird es in einer großen Holzschüssel mit Wasser vermengt und beharrlich hin und her geknetet, bis ein schwerer, zäher Teig entstanden ist. Aus dem riesigen Teigkloß werden mehrere Brote geformt. Die abgeflachten Laibe verschwinden unter der heißen, roten Holzkohleglut oder in einem auf dem Boden aufgestellten, irdenen Ofen, der an die Form eines kleinen Iglus erinnert und mit Wurzeln und getrockneten Gräsern gefeuert wird.

In einem Beutel aus Ziegenleder, der an einem Haken aufgehängt ist, verwandelt sich die frisch gemolkene Ziegenmilch durch beständiges Rütteln in eine krümelige Butter mit dem würzig-scharfen Aroma des Leders, in dem sie reift.

Ist das Klima in den Oasen des Südens auch weniger hart als in den Bergen, so ist das Leben kaum minder beschwerlich. Wadis schlängeln sich ihren Weg durch die jenseits des Atlas liegende steinige, von Oasen und jäh abfallenden Canyons unterbrochene Wüste in Richtung Sahara. Größter Reichtum der Oasen sind die Dattelhaine, in deren Schatten Pfirsiche, Granatäpfel und Feigen gedeihen. Auch Gerste, Weizen, Schneckenklee und sogar der duftende Hennastrauch werden auf kleinen Parzellen im Schutze der Palmen angebaut. Die Blätter des Hennastrauchs liefern, zu Pulver zermahlen, einen Farbstoff, mit dem sich die Frauen kunstvoll Hände und Füße bemalen.

Als Couscous-Spezialisten ernähren sich die Berber hauptsächlich von gedämpftem Gerstengrieß, den sie mit Rübenblättern oder gehacktem Schneckenklee verfeinern. Eine weitere, allerdings auf die Feiertage beschränkte Spezialität ist der *meschwi.* Bei diesem ausschließlich von Männern unter freiem Himmel zubereiteten Festschmaus wird ein ganzes Lamm mit *smen,* Pfeffer, Koriander und Salz eingerieben und über Holzkohle am Spieß gegrillt oder – seltener – in einem Lehmofen gebacken.

In den Wüstenregionen ernähren sich die Menschen von den energiereichen, haltbaren und leicht zu transportierenden Datteln, Kamelmilch, *smen* und von Kamel-, Ziegen- und Lammfleisch. Fisch ist nahezu unbekannt. Couscous wird in der Sahara mit kleinen, wild wachsenden Feigen zubereitet. Die Dattelernte in den Oasen beginnt im September. Zum Ernteschluss wird alljährlich ein großes Dattelfest veranstaltet, bei dem die jungen Mädchen in traditionellen Kostümen und mit einem mit Datteln gefüllten Korb auf dem Kopf vorbeidefilieren. Die Gastfreundschaft der Wüstenbewohner ist fast legendär. Jedem Gast bieten sie sogleich mehrere Gläser Tee an. Der regionale Brauch will, dass man drei nacheinander servierte Gläser Tee annimmt. Der Erste ist eher mild und leicht gesüßt, der Zweite kräftig und schon etwas süßer, und der Dritte ist stark gezuckert und wird häufig ohne Minze bereitet.

LINKS: *Im Piséebau (aus Stampflehm) errichtete Dörfer erheben sich entlang des von Palmen und winzigen kultivierten Parzellen gesäumten Flussbettes des Dadès.*

OBEN: *Ein Dromedar aus Schilfrohr, geflochten von Kindern aus einer Oase im Süden.*

Auf den Souks in Marrakesch bieten Gewürzhändler alle Gewürze dieser Welt an. Apotheker preisen ihre Heilkräuter und halten, ob gegen Schnarchen oder Rheumatismus, für jedes Zipperlein ein geeignetes Mittel bereit. Getrocknete Eidechsenschwänze, lebende Chamäleons und ausgestopfte Vögel werden als Amulette feilgeboten. Ein Stückchen weiter füllen allerlei Kosmetika und Schönheitsprodukte wie „khôl“, Henna und die zum Weißen der Zähne verwendete Nussbaumrinde die Auslagen.

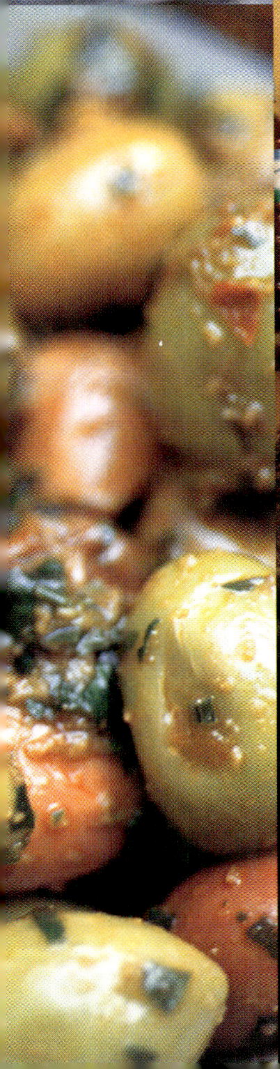

ARAVINDA
SEVAM

Tomaten-Coulis

ERGIBT ETWA 2 1/2 LITER
VORBEREITUNG: 5 Minuten
GARZEIT: 3 Stunden

4 kg sehr reife Tomaten
6 Knoblauchzehen
2 TL gemahlener Zimt
1 TL gemahlener Ingwer
1 TL süßes oder scharfes Paprikapulver
Salz
30 g Puderzucker

Die Tomaten waschen, grob zerkleinern und durch ein Sieb passieren.

Das Tomatenpüree in einem Schmortopf mit dem Knoblauch, dem Zimt, Ingwer, Paprikapulver und Salz vermengen und zum Kochen bringen. Bei mittlerer bis starker Hitze unter gelegentlichem Umrühren, damit die Masse nicht ansetzt, etwa 1 Stunde garen.

Die Temperatur herunterstellen und bei milder Hitze weitere 2 Stunden leise köcheln lassen, bis sämtliche Flüssigkeit verkocht ist. Die Garzeit nötigenfalls verlängern, bis das Püree die gewünschte Konsistenz hat. Zum Schluss den Zucker unterrühren.

Gezuckerte Tomaten

Diese geschmolzenen und mit Zucker und Honig lieblich aromatisierten Tomaten sind kalt als Salat genauso lecker wie warm als Beilage zu Fleisch.

FÜR 4 PERSONEN
VORBEREITUNG: 20 Minuten
GARZEIT: 30 Minuten

8 sehr reife Tomaten
2 EL Öl
2 EL Zucker
Salz
1 EL Honig
1/4 TL gemahlener Zimt
1/2 TL frisch gemahlener Pfeffer

In einer großen Kasserolle 1 Liter Wasser zum Kochen bringen. Die eingeritzten und vom Stielansatz befreiten Tomaten in dem Wasser kurz blanchieren, enthäuten und halbieren.

In einem Schmortopf oder einer Pfanne mit schwerem Boden das Öl erhitzen. Die Tomaten hineingeben und mit Zucker und Salz würzen. 30 Minuten köcheln lassen, bis sämtliche Flüssigkeit verdampft ist. Den Honig, Zimt und Pfeffer unterrühren.

Kalt als Salat oder warm als Beilage zu Fleisch servieren.

Bissara aus Saubohnen (Saubohnen-Dip)

Oben: Saubohnen sind ein saisonales Gemüse und werden ab Mai auf den Märkten angeboten. Da ihre Haut manchmal etwas zäh ist, muss man die Bohnen gegebenenfalls schälen. Dazu die Saubohnen kurz in kochendem Wasser blanchieren.

FÜR 4 PERSONEN
VORBEREITUNG: 5 Minuten
GARZEIT: 1 Stunde 15 Minuten

Salz
2 EL Olivenöl
4 Knoblauchzehen
500 g geschälte getrocknete Saubohnen
½ TL gemahlener Paprika
½ TL gemahlener Kreuzkümmel

In einer großen Kasserolle 2 Liter gesalzenes Wasser zum Kochen bringen.

Das Öl, den Knoblauch und die gewaschenen Saubohnen zugeben und zugedeckt 1 Stunde köcheln lassen.

Den Topfinhalt im Mixer oder in der Küchenmaschine pürieren, zurück in den Topf geben und auf eine geschmeidige Konsistenz einkochen.

Zum Servieren in eine flache Schüssel füllen, mit dem Paprika und Kreuzkümmel bestreuen und mit etwas Olivenöl beträufeln.

Man kann für dieses Rezept auch Splittererbsen nehmen.

Süßkartoffeln mit Rosinen

FÜR 6 PERSONEN
VORBEREITUNG: 15 Minuten
GARZEIT: 20 Minuten

1 kg Süßkartoffeln
250 g kernlose Rosinen
100 ml Olivenöl
1/2 TL frisch gemahlener Pfeffer
1 Knoblauchzehe, zerdrückt
1–2 TL gemahlener Zimt
Salz

Die Süßkartoffeln schälen, waschen und in Stücke schneiden. Mit sämtlichen anderen Zutaten in eine Kasserolle geben, 1/2 Liter Wasser zugießen und bei mittlerer Hitze 15–20 Minuten kochen, bis fast die gesamte Flüssigkeit verdampft ist. Heiß oder kalt servieren.

Süßkartoffeln M'chermia

FÜR 6 PERSONEN
VORBEREITUNG: 15 Minuten
GARZEIT: 20 Minuten

1 kg Süßkartoffeln
4 Knoblauchzehen, zerdrückt
2 EL gehacktes Koriandergrün
100 ml Olivenöl
1/2 TL süßes Paprikapulver
1 TL gemahlener Kreuzkümmel
1 TL Puderzucker
1 Prise Safran
Salz

Die Süßkartoffeln schälen, waschen und in Stücke schneiden. In einer Kasserolle mit 1/2 Liter Wasser und sämtlichen anderen Zutaten zum Kochen bringen und 15–20 Minuten bei mittlerer Hitze garen, bis ein Großteil der Flüssigkeit verkocht ist.

Heiß oder kalt servieren.

Püree aus Okraschoten

FÜR 6 PERSONEN
VORBEREITUNG: 20 Minuten
GARZEIT: 30 Minuten

1 kg Okraschoten
2 TL Olivenöl
1 Zwiebel, gehackt
1 TL Salz
1 TL frisch gemahlener Pfeffer
1 Bund Petersilie, gehackt
1 Bund Koriandergrün, gehackt

Die Okras waschen und die Stiele entfernen. In einem Schmortopf das Öl erhitzen, die Schoten und die Zwiebel bei lebhafter Hitze kurz anschwitzen. Salzen, pfeffern und die gehackten Kräuter zugeben.

Nach 30 Minuten die Okras mit einer Gabel oder einem Kartoffelstampfer zerdrücken. Abschmecken.

Das Püree heiß oder kalt mit einem Spritzer Zitrone servieren.

Brania mit Zimt (Auberginen mit Zimt)

FÜR 6 PERSONEN
VORBEREITUNG: 20 Minuten
RUHEZEIT: 30 Minuten
GARZEIT: 35 Minuten

1 kg Auberginen
Grobes Salz
3 Eiweiß
Pflanzenöl zum Frittieren
1 TL gemahlener Zimt
2 EL Puderzucker

Die Auberginen waschen, trockentupfen und in 1 cm dicke Scheiben schneiden.

Die Auberginenscheiben in einem Sieb mit grobem Salz bestreuen und 30 Minuten auswässern lassen. Die Scheiben abspülen und mit Küchenkrepp trockentupfen.

Das Eiweiß mit einer Gabel leicht aufschlagen.

Das Öl in einer Pfanne erhitzen. Die Auberginenscheiben durch das aufgeschlagene Eiweiß ziehen und in das heiße Öl gleiten lassen. Von beiden Seiten einige Minuten ausbacken und anschließend auf Küchenkrepp abtropfen lassen.

Die frittierten Auberginen in eine Tagine oder einen Schmortopf einlegen und mit Zucker und Zimt bestreuen. Mit 4 Esslöffeln Wasser beträufeln und zugedeckt bei geringer Hitze 30 Minuten garen. Es sollte möglichst wenig Flüssigkeit im Topf verbleiben.

GEGENÜBERLIEGENDE SEITE OBEN: *Das Verlesen von Gombo-Früchten (Okraschoten). Die besonders bei der Bevölkerung in Marrakesch und Fes begehrten Früchte stammen von einer ursprünglich aus Indien kommenden Pflanze mit gelben Blüten.*

GEGENÜBERLIEGENDE SEITE UNTEN: *Glatte Petersilie und frisches Koriandergrün kommen meist gemeinsam zum Einsatz und verleihen unzähligen marokkanischen Gerichten eine würzig-frische Note.*

Tomatensalat mit frischer Minze

Kaltgepresstes Jungfern-Olivenöl, das in den großen Städten des Königreichs hergestellt wird, verleiht rohem und gekochtem Gemüse sein köstliches Aroma.

FÜR 6 PERSONEN
ZUBEREITUNG: 15 Minuten

6 schöne reife Tomaten
1 weiße Zwiebel
1 EL Petersilie
1 EL frische Minze
Saft von 1 Zitrone
2 EL Olivenöl
Salz
1/2 EL frisch gemahlener Pfeffer
1 Prise Puderzucker (nach Belieben)

In einer großen Kasserolle Wasser zum Kochen bringen. Die eingeritzten und vom Stielansatz befreiten Tomaten kurz blanchieren. Die Früchte enthäuten, entkernen und das Fruchtfleisch in Würfel schneiden. Zum Abtropfen in ein Sieb geben.

Die Zwiebel schälen, waschen und raspeln. Die Petersilie waschen und hacken, die Minze waschen und in Streifen schneiden.

Die Tomaten mit der geraspelten Zwiebel in einer Salatschüssel vermengen. Die Kräuter darauf verteilen. Mit dem Zitronensaft und dem Öl beträufeln; salzen und pfeffern. Um den kräftigen Geschmack der Zwiebel etwas zu mildern, nach Belieben mit 1 Prise Puderzucker abrunden.

زيت الزيتون

OLIVENÖL

In den ländlichen Gegenden Marokkos gibt es noch heute Tausende *maasras,* Ölmühlen, mit denen nach uralten Verfahren das kostbare Öl aus den Oliven gepresst wird. Die grünen, schwarzen und violetten Oliven werden im Herbst geerntet und in großen Weidenkörben zusammengetragen. Fünf Kilogramm Oliven sind nötig, um einen Liter Öl zu gewinnen. In den Mühlen wird das Fruchtfleisch samt Steinen von den schweren, von Eseln bewegten Mühlsteinen zermahlen. Der dunkle Brei wird anschließend in flache runde Formen aus geflochtenem Espartogras gepresst, von wo die Flüssigkeit in bereitstehende Bottiche abtropft. Das Wasser setzt sich unten ab, sodass sich das Öl an der Oberfläche leicht abschöpfen lässt. Das leuchtende, sehr aromatische Olivenöl wird in fest verschlossenen Krügen gelagert und ist allein für den Bedarf der Familien bestimmt. Man verwendet es für Couscous, zum Braten, für Omeletts oder genießt es schlicht mit etwas Brot aufgetunkt zum Frühstück. In Fes, Marrakesch und Meknes gibt es auch einige kommerziell arbeitende Ölmühlen, in denen kaltgepresstes Jungfernöl hergestellt, an Ort und Stelle abgefüllt und anschließend exportiert wird.

30 DH
كامون
prix 60 DH
60 DH

التوابل

GEWÜRZE

Bereits vor mehr als dreitausend Jahren verwendeten die Ägypter Zimt zum Parfümieren des Weihrauchs und als Duftstoff für ihre Salben. Die Geschichte der Gewürze ist voller Legenden und Abenteuer, und ihr Duft auf den Souks und in den Küchen beschwört unweigerlich eine orientalische Atmosphäre herauf. Pyramidenförmig aufgeschichtet werden sie auf den Märkten lose aus geflochtenen Körben verkauft. Das leuchtende Rot des Paprikapulvers und das Goldgelb von Kurkuma mischen sich mit dem Ocker von Zimt, Muskat und Kreuzkümmel und dem hellen Beige des Ingwers zu einem farbenprächtigen Mosaik. Jedes Gewürz hat seine besonderen geschmacklichen Qualitäten und auch wohltuende und anregende Eigenschaften. Safran, Kreuzkümmel, Koriander, Paprika und Bockshornklee werden in Marokko selbst angebaut, Zimt, Ingwer und Gewürznelken aus dem Orient importiert. Zimt kommt in der Küche als Stange oder zu Pulver zermahlen häufig zum Einsatz und würzt mit seinem süßlichen Aroma B'stilas, Orangen, Couscous-Grieß sowie süße und herzhafte Tagines. Kreuzkümmel dient zum Einreiben von Grillfleisch und zum Würzen von Eierspeisen und Salaten. Das intensive Aroma des Ingwers verfeinert sowohl pikante als auch süße Speisen. Paprikapulver wird in unterschiedlichen Schärfegraden verwendet. Geröstete Sesamsamen rieseln auf Tagines hinab und verzieren Backwerk; getrocknete Anissamen aromatisieren Brötchen, und Kümmel verleiht Suppen und Eintopfgerichten den letzten Schliff.

ZIMT

Nur die Rinde des ceylonesischen Zimtbaums liefert den echten Zimt. Durch das Trocknen rollt sie sich zu Stangen auf.

Die Zimtbäume werden während der Regenzeit entrindet, weil sich dann die Rinde besonders leicht ablösen lässt.

CURRY

Curry ist eine Gewürzmischung, die je nach Zusammenstellung des Gewürzhändlers aus Koriander, Kreuzkümmel (Cumin), Ingwer, Pfeffer, Kurkuma und manchmal auch Zimt, Nelkenpulver und Muskatnuss besteht.

NIGELLE

Diese aus den Blüten des Schwarzkümmels – auch „Venushaar" genannt – gewonnenen tränenförmigen, braunen Samen werden oft mit Senfkörnern vermischt. Geröstet und zermahlen entfalten sie ein zitrusartiges, pfeffriges Aroma.

KURKUMA

Die mit dem Ingwer verwandte Kurkuma ist eine aus Südindien stammende Wurzel mit leicht pfeffrigem Aroma. Sie wird zu Pulver zermahlen verkauft und verleiht Curry-Mischungen und Speisen eine schöne, kräftige gelbe Farbe.

KÜMMEL

Der aus Nordeuropa und Asien stammende Kümmel kommt in der marokkanischen Küche als ganzer Samen in Gebäck, Brot und einigen Suppen zum Einsatz.

SAFRAN

Safranfäden, die getrockneten Narben des Safrankrokus, verleihen vielen Speisen einen charakteristischen Geschmack und eine kräftige Farbe. Da Safran das teuerste Gewürz der Welt ist, wird er nur sparsam verwendet.

Kamun

„Kamun", der marokkanische Cumin oder Kreuzkümmel, wird gewöhnlich in Pulverform gehandelt.

Koriander

Die in Form und Größe dem Pfeffer ähnlichen Koriandersamen haben ein zitrusartiges Aroma, das an Orangenschale erinnert. Weit aromatischer ist allerdings das in der marokkanischen Küche häufiger verwendete frische Koriandergrün.

Cumin

Cumin oder Kreuzkümmel, der Samen eines Doldengewächses, hat ein leicht bittersüßes Aroma, das besonders den etwas kraftlosen Speisen auf die Beine hilft.

Safran

Safranpulver wird zuweilen durch das erschwinglichere Kurkuma-Pulver ersetzt oder gestreckt, dessen Färbewirkung der des Safrans in nichts nachsteht.

Fischgewürz

Diese Gewürzmischung für Fisch, eine Geheimrezeptur des Händlers, enthält unter anderem Kreuzkümmel, Pfeffer und süßes Paprikapulver.

Zucchini mit Kreuzkümmel

FÜR 6 PERSONEN
VORBEREITUNG: 15 Minuten
GARZEIT: 10 Minuten

750 g Zucchini
1 EL Olivenöl
2 Knoblauchzehen
1 TL Salz
1 TL gemahlener Kreuzkümmel
1 TL gemahlener Paprika
1 Bund Koriandergrün, gehackt
½ Bund Petersilie, gehackt
Saft von ½ Zitrone

Die Zucchini putzen. In einer Kasserolle 1 Liter gesalzenes Wasser zum Kochen bringen und die ganzen Zucchini darin 5 Minuten blanchieren.

Abtropfen lassen und in Scheiben schneiden. In einem Schmortopf das Öl erhitzen und die gehackten Knoblauchzehen darin kurz glasig schwitzen. 100 ml Wasser zugießen, das Salz, den Kreuzkümmel, Paprika, das Koriandergrün und die Petersilie einrühren und zum Kochen bringen. Die Zucchinischeiben zugeben, weitere 5 Minuten köcheln lassen und mit dem Zitronensaft abschmecken. Kalt servieren.

GEGENÜBERLIEGENDE SEITE: *Die gewaschenen, geschabten Möhren werden der Länge nach halbiert, um das gegebenenfalls harte Mittelstück herauszuschneiden. Für eine Tagine oder einen Couscous schneidet man sie zunächst längs in Viertel, die man anschließend quer halbiert.*

Salat von gekochten Möhren mit Chermula

FÜR 4 PERSONEN
VORBEREITUNG: 20 Minuten
GARZEIT: 30 Minuten

500 g Möhren
Salz
3 EL *chermula* (siehe Seite 102)

Die Möhren putzen.

In einer Kasserolle 1 Liter gesalzenes Wasser zum Kochen bringen, die Möhren hineingeben und 20 Minuten garen.

Die Möhren abgießen und in Scheiben schneiden.

In einer Kasserolle die *chermula* mit 4 Esslöffeln kaltem Wasser verrühren und zum Kochen bringen. Die Möhrenscheiben zugeben und unbedeckt bei milder Hitze sämtliche Flüssigkeit verkochen lassen.

Heiß oder kalt servieren.

Dieses Rezept ist auch für viele andere Gemüsesorten geeignet, so zum Beispiel für Kartoffeln: Die rohen Kartoffeln in Stücke schneiden und direkt in der *chermula* garen. Zucchini: In Würfel schneiden und in der Sauce garen. Saubohnen: Ebenfalls in der Sauce garen. Blumenkohl und Brokkoli werden hingegen zunächst blanchiert und erst danach in die *chermula* gegeben.

أسمدة

COUSCOUS-GRIESS

In einem Couscous ist Grieß der unumschränkte König; von seiner fachkundigen Behandlung hängt das Gelingen der ganzen Speise ab. Als klassisches Couscous-Getreide hat sich fast überall Hartweizen durchgesetzt, doch gibt es in den Bergen und in den Oasen auch Versionen aus Gerste und Mais, die auf kleinen Parzellen angebaut werden. Auf dem örtlichen Dreschplatz wird zunächst mit hölzernen Gabeln das Korn von der Spreu und vom Stroh getrennt. Das gesichtete und in Säcke gefüllte Getreide wird anschließend zur Wassermühle gebracht, die mittlerweile die einfachen häuslichen Mühlen aus zwei übereinander liegenden Mühlsteinen und einer Ablaufrinne ersetzt hat. In der Stadt sind die Mühlen heute vollautomatisiert. Den Couscous-Grieß auf traditionelle Weise mit der Hand zu rollen ist eine Kunst für sich und erfordert viele Stunden Übung. Grundzutaten für die Prozedur sind Hartweizengrieß und Hartweizenmehl. Der Grieß wird nach und nach in eine große, runde Schale aus Holz oder glasiertem Ton – die *ga'saa* – gestreut, mit ein wenig Mehl und Salzwasser vermengt und zwischen den Handballen fortdauernd in kreisförmigen Bewegungen gerieben, bis die Körner von einem dünnen Film überzogen sind und sich voneinander lösen. Der so behandelte Grieß wird anschließend in den *thaq*, einen geflochtenen Korb mit spiralförmigem Boden, gegeben und gerüttelt, wodurch die Körner nach ihrer Größe getrennt werden. Der feinste Grieß wird kurz getrocknet und anschließend mit etwas Mehl und Wasser erneut gerieben, um ihm gewissermaßen den letzten Schliff zu geben. Zuletzt wird der Couscous mehrmals gesiebt, um das Mehl und die zu fein geratenen Körner herauszufiltern. Die nun ebenmäßigen Grießkörner legt man zum Trocknen in die Sonne, während der Rest weiterbearbeitet wird. Die Korngröße hängt von dem verwendeten Getreide ab. Maschinell geriebener Couscous kommt in drei verschiedenen Stärken in den Handel: fein, mittel und grob.

Je nach Region wird der Couscous aus Hartweizen, Gerste, Roggen, Mais und Mehl hergestellt.

Hülsenfrüchten gebührt auf den Souks ein eigener Standort. Kichererbsen für einen Couscous werden vor der Zubereitung einige Stunden in einer Schüssel Wasser eingeweicht und anschließend geschält.

Die Zubereitung von Couscous

Die Grießkörner in einer *ga'saa* (flache, runde Schale) ausbreiten.

Den Grieß mit etwas Wasser benetzen und zwischen den Händen aneinander reiben, bis sich die Körner voneinander lösen. Den Vorgang wiederholen und den Grieß quellen lassen.

Den Couscous in den eingeölten Siebeinsatz eines Couscoussier geben und über dem mit Brühe gefüllten Topf dämpfen. Sobald durch den Grieß Dampfwolken entweichen, den Grieß wieder in die *ga'saa* füllen und mit eingeölten Händen oder einem Holzlöffel erneut durcharbeiten, bis sich die Körner voneinander lösen. Den Couscous in dem Siebeinsatz weitere 20 Minuten dämpfen und anschließend wieder durcharbeiten.

Darauf achten, dass die Körner nicht zu trocken werden. Nötigenfalls mit etwas Flüssigkeit benetzen. Während der Grieß weiter gedämpft wird, können Sie im unteren Topfteil in der Brühe das Gemüse garen.

Den so gegarten Couscous noch einmal zwischen den Händen reiben und mit Butter verfeinern. Zum Servieren den Grieß in der Mitte einer großen Platte aufhäufen, mit einer Schale einen Krater hineindrücken und den Kranz begradigen. In der Mitte dekorativ das Fleisch und Gemüse anrichten und mit Brühe beschöpfen.

Sofort und sehr heiß servieren. Die restliche Brühe in Schälchen füllen und separat dazu reichen.

Belbula

Belbula ist ein aus Hartweizengrieß und -mehl oder Gerste hergestelltes Couscous-Gericht.

VORBEREITUNG: 30 Minuten
GARZEIT: 1 Stunde 30 Minuten

GERSTENGRIESS

Den Gerstengrieß auf die gleiche Weise wie den üblichen Couscous-Grieß aus Hartweizen verarbeiten (siehe oben).

Für die Zubereitung der Brühe Rindfleisch, Gartenkürbis, Saubohnen und 2–3 ganze scharfe Chilis verwenden und auf die gleiche Weise verfahren wie bei dem Fleisch- und Gemüse-Couscous (siehe Seite 153).

Vollkorn-Couscous mit Rindfleisch

FÜR 8 PERSONEN
VORBEREITUNG: 45 Minuten
GARZEIT: 1 Stunde 30 Minuten

2 kg Rindfleisch zum Schmoren (aus der Keule, etwa Dicker Bug oder Nuss), gewürfelt
2 große Zwiebeln, gehackt
350 g Kichererbsen, über Nacht eingeweicht
250 g Saubohnen, über Nacht eingeweicht
1 Bund glatte Petersilie
2–3 scharfe Chilis (nach Belieben)
1 TL süßes Paprikapulver
1 TL frisch gemahlener Pfeffer
Salz
1 kg Vollkornweizenschrot oder Bulgur
500 g Gartenkürbis
500 g weiße Rüben
3 EL Olivenöl oder 2 EL Butter

In einem großen Topf oder einem Couscoussier das Fleisch, die Zwiebeln, Kichererbsen, Saubohnen, Petersilie und sämtliche Gewürze mit 3 Litern Wasser zum Kochen bringen und etwa 1 Stunde garen.

Den Vollkornweizenschrot oder Bulgur wie auf Seite 150 beschrieben zubereiten.

Nach 1 Stunde den geschälten, in grobe Stücke zerteilten Kürbis und die gewürfelten Rüben in die Brühe geben und mitgaren.

Den Couscous mit dem Öl oder Butter verfeinern. Auf einer Platte anrichten, mit dem Fleisch und Gemüse garnieren und großzügig mit der Brühe übergießen. Die Chilis werden im Ganzen mitgegart, damit man sie nach Belieben aussortieren kann.

Couscous mit Fleisch und Gemüse

FÜR 10 PERSONEN
VORBEREITUNG: 1 Stunde
GARZEIT: 1 Stunde 30 Minuten

1 Lammschulter, in Stücke zerteilt und vom Fett befreit
3 große Zwiebeln
150 g Kichererbsen, über Nacht eingeweicht
2 Stangen Lauch
1/2 Stange Bleichsellerie
Olivenöl
Salz
1 TL frisch gemahlener Pfeffer
1 TL gemahlener Ingwer
1/2 TL zerstoßene Safranfäden
1 kg feiner Cosucous
100 ml Pflanzenöl
500 g Zucchini
500 g weiße Rüben
500 g Möhren
1/2 Wirsingkohl
1 grüne Paprikaschote
1 rote Paprikaschote
1 Aubergine
1/2 Bund glatte Petersilie
1/2 Bund Koriandergrün
100 g Rosinen
Harissa (nach Belieben)

GEGENÜBERLIEGENDE SEITE: *Einen Couscous ohne Besteck zu essen ist eine Kunst für sich und für den Uneingeweihten nicht ganz einfach. Es gilt, mit dem Daumen, dem Zeigefinger und dem Mittelfinger der rechten Hand kleine Bällchen zu formen und diese, ohne zu kleckern, im Mund verschwinden zu lassen.*

Das Fleisch 15 Minuten in Salzwasser einweichen.

Die Zwiebeln schälen und in dünne Scheiben schneiden; die Kichererbsen abtropfen lassen. Lauch und Sellerie waschen, in Streifen schneiden und in den unteren Teil des Couscoussier geben. Das abgetropfte Fleisch, etwas Olivenöl, Salz und 1/4 Liter Wasser zugeben, alles gründlich vermengen und zum Kochen bringen.

Sobald die Zwiebeln etwas weich geworden sind, die Gewürze zugeben, mit 1 Liter heißem Wasser auffüllen und zugedeckt bei lebhafter Hitze 30 Minuten garen.

Inzwischen den Couscous in einer großen Schüssel mit etwas Salz und dem Pflanzenöl vermengen. Den Grieß mit 1/4 Liter kaltem Salzwasser befeuchten und zwischen den Händen reiben, bis sich die Körner voneinander lösen.

Den so behandelten Grieß in den Siebeinsatz des Couscoussier geben, auf den unteren Topfteil setzen und, sobald Dampfwolken durch den Couscous entweichen, unbedeckt etwa 20 Minuten dämpfen.

Das restliche Gemüse putzen, die Paprikaschoten von den Samen befreien und das Gemüse in mundgerechte Stücke zerteilen.

Den gegarten Couscous wieder in die Schüssel umfüllen, erneut mit 1/4 Liter kaltem Wasser befeuchten und mit einem Schneebesen gründlich auflockern. Abkühlen lassen.

Die Brühe abschmecken. Je nach Garzeit nacheinander zuerst die Möhren, Rüben, Paprikaschoten und die Aubergine, anschließend die Zucchini, den Kohl, die Petersilie und das Koriandergrün hineingeben und mitgaren. Den Couscous in dem Siebeinsatz wieder aufsetzen und weitere 15 Minuten dämpfen, damit das Aroma des Fleisches und Gemüses die Grießkörner durchdringt.

Den fertigen Couscous auf einer Platte mit Olivenöl verfeinern und zu einer Kuppel aufschichten. Das Fleisch, Gemüse und die Rosinen dekorativ darauf anrichten und mit einem Teil der Brühe übergießen. Die restliche Brühe und überschüssiges Fleisch und Gemüse in eine Terrine füllen und dazu servieren. Nach Belieben ein Schälchen *harissa* dazu reichen.

الخبز BROT

Kesra, das auf jedem Tisch des Königreichs unvermeidliche runde Fladenbrot, wird noch heute in allen Haushalten täglich frisch gebacken. In ländlichen Gegenden bildet es in Olivenöl oder flüssigen Honig getunkt oder mit *smen,* gereifter Butter, bestrichen sogar eine eigenständige Mahlzeit. Seine Zubereitung beginnt bereits frühmorgens mit der Auswahl des geeigneten Hartweizen- oder, wie in den Bergen, des richtigen Mais- oder Gerstenmehls. Die fertig geformten Brotlaibe werden zum Backen auch heute noch meist zum nächsten öffentlichen Ofen gebracht, dessen holzgefeuerte Glut einen köstlichen Duft verströmt. Am frühen Morgen sieht man überall junge Mädchen durch die Medinas ziehen, die ein Brett mit den frisch gebackenen und mit einem Tuch bedeckten *kesra* vorsichtig auf ihrem Kopf balancieren. Jedes Haus hat seine individuelle Rezeptur – ein paar Anis- oder Sesamsamen oder etwas Kreuzkümmel, der unter den Teig gemengt wird, und ein eigenes Familiensymbol, ein mit dem Daumen oder einem Holzsiegel eingebrachter charakteristischer Abdruck, an dem sich das eigene Brot nach dem Backen wiedererkennen lässt. Brot gilt als heilig und wird entsprechend respektvoll behandelt. Es ist Symbol des Teilens und der Gastfreundschaft und Quelle der *baraka,* des göttlichen Segens, der Freude und des Glücks.

Die an ihren wabenähnlichen Aushöhlungen erkennbaren „beghir" werden warm, mit Honig und Butter bestrichen gegessen.

Ob für Brot oder Pfannkuchen – das Teigkneten gehört zu den typisch weiblichen Handgriffen des marokkanischen Alltags.

In den Medinas verfügt jedes Viertel über einen öffentlichen Backofen, vor dem sich jeden Morgen die Frauen drängen.

Das als heilig geachtete Brot wird niemals weggeworfen. Findet man ein zu Boden gefallenes Stück, so hebt man es unverzüglich auf.

Einige Familien stellen noch heute selbst ihr Mehl her. Das dafür verwendete Getreide lassen sie in der ortsnahen Mühle mahlen.

Das Baguette ist ein Überbleibsel des französischen Protektorats und nur in den städtischen Bäckereien zu finden. In den Speisealltag der marokkanischen Familien hat es kaum Einlass gefunden.

LINKS: *In den Dörfern Marokkos, wie hier in Rissani am Rande der Sahara, bestimmen die frühmorgens beginnenden Wochenmärkte den Rhythmus des Alltags.*

Tangia mit Lamm

FÜR 6 PERSONEN

1,5 kg Lammfleisch (z. B. aus der Schulter oder dem Schwanzstück)
100 g Butter
2 Zwiebeln, in Scheiben geschnitten
2 Knoblauchzehen, zerstoßen
2 EL gemahlener Kreuzkümmel
1/4 Liter Wasser

Die Tangia, ein vor allem für Marrakesch typisches Gericht aus Hammel- oder Kalbfleisch, Ingwer, süßem Paprika, Koriander und Safran, galt früher als Junggesellengericht und ist besonders bei Studenten und Intellektuellen der Medersen beliebt, denn sie ist genauso schmackhaft wie einfach zuzubereiten: Man würfelt schlicht sämtliche Zutaten in dem Gefäß bunt durcheinander und überlässt das Garen dem örtlichen Bäcker.

Wie die Tagine hat auch die Tangia ihren Namen von dem für sie verwendeten Gargefäß, einer Art tönernen, henkellosen Vase mit gewölbtem Boden. Die Öffnung wird vor dem Garen mit einem eingeölten und mehrmals durchstochenen Stück Backpapier verschlossen und mit einer Schnur versiegelt. Mit ihrer köstlichen Füllung im Bauch, bringt man die Tangia zum öffentlichen Backofen, wo sie stundenlang, manchmal sogar die ganze Nacht in der heißen Ascheglut sanft vor sich hin gart.

Natürlich lässt sich die Tangia auch zu Hause in einem großen Topf bei milder Hitze oder in einem fest verschlossenen Schmortopf im mäßig warmen Ofen zubereiten.

GEGENÜBERLIEGENDE SEITE: *Eingegraben in die heiße Ascheglut des öffentlichen Backofens muss die Tangia in ihrem gleichnamigen irdenen Gefäß stundenlang garen.*

DATTELN

Lose verkaufte Datteln sind qualitativ hochwertiger als die abgepackten Früchte. Zuweilen in Honig getaucht, können auch rohe Datteln ein Hochgenuss sein, vorausgesetzt, sie sind schön saftig.

NOUGAT

„Jabane", marokkanischer Nougat, wird aus zerstoßenem Gummiarabikum, Eiweiß, Zucker und ganzen gerösteten Mandeln hergestellt.

MANDELN

Während der Erntezeit im Sommer werden Mandeln vor allem frisch verarbeitet. Danach lagert man sie als Vorrat für die winterliche Küche ein. Getrocknete Feigen werden lose oder auf einer Schnur zu einer Kette aufgereiht gehandelt.

PINIENKERNE

Pinienkerne, die Samen des Pinienzapfens, werden gelegentlich sowohl für pikante Gerichte als auch für Backwaren verwendet.

PFLAUMEN

Dörrpflaumen, die in eine Tagine mit Lamm oder Huhn wandern sollen, müssen zuvor einige Stunden in kaltem Wasser quellen.

Feigen

Feigen

Aprikosen

Diese kleinen, „mechmech" genannten, getrockneten Aprikosen sind außergewöhnlich aromatisch. Sie gedeihen in den Oasen im Schutze von Dattelpalmen.

الثمار الجافة

TROCKENFRÜCHTE

Feigen, auf Schnüren zu langen Ketten aufgezogen, lose verkaufte Rosinen, leuchtende Datteln, runzelige Dörrpflaumen, Aprikosen und Mandeln – das Farbenspiel der Trockenfrüchte und Nüsse auf den Märkten erzeugt ein schillerndes, ocker-braunes Mosaik. Trockenfrüchte gelten als Symbol für Reichtum und Glück und sind daher fester Bestandteil der mit Geburt, Hochzeit und Tod verbundenen feierlichen Rituale. Als Zeichen der Gastfreundschaft serviert man einem Besucher Datteln, entweder naturbelassen oder mit einer marzipanähnlichen Paste gefüllt. Im Süden Marokkos wird ein jung vermähltes Paar mit einem Dattelregen empfangen. Aprikosenbäume, Feigen und Dattelpalmen wachsen in den feuchten, beständig gewässerten Senken der Oasen. Zur Erntezeit im September und Oktober quellen die Märkte im Süden des Landes förmlich über mit Datteln aller erdenklichen Sorten: süße, harte, weiche, längliche, runde ... Die einen werden getrocknet angeboten, die anderen zerdrückt und zu einer Paste verarbeitet. Im Februar verwandeln Tausende von Mandelbäumen die Region südlich des Atlas in ein einziges Blütenmeer. Die für Tagines oder Süßspeisen verwendeten Mandelkerne werden zuvor kurz in heißem Wasser blanchiert, damit sich ihre braune Schale leichter ablösen lässt. Feigen gedeihen praktisch auf jedem Boden. Die im Sommer geernteten Früchte werden zunächst getrocknet und dann in großen Steingutkrügen eingelagert. Dörrpflaumen und *mechmech*, kleine, aromatische Aprikosen, verleihen besonders einer Lamm-Tagine eine reizvolle Note.

Huhn K'dra mit Zwiebeln und Mandeln

Dieses Gericht, mit Tauben zubereitet, serviert man dem frisch gebackenen Bräutigam am Tag nach der Hochzeitsnacht. „K'dra" ist eine Sauce, die aus Butter, in Scheiben geschnittenen Zwiebeln, Petersilie, weißem Pfeffer, Salz und Safran hergestellt wird.

FÜR 5 PERSONEN
VORBEREITUNG: 15 Minuten
GARZEIT: 45 Minuten

750 g Zwiebeln
100 g Mandeln
1 große Poularde
Salz
Frisch gemahlener weißer Pfeffer
1 große Prise Safran
100 g Butter
1 Bund Petersilie

Die Zwiebeln schälen und in Scheiben schneiden. Die Mandeln blanchieren und schälen.

Das Huhn waschen, in Stücke zerteilen und mit dem Geflügelklein in einen Schmortopf geben. Großzügig mit Salz und frisch gemahlenem weißem Pfeffer würzen und den Safran, die Butter, Mandeln und 2 in Scheiben geschnittene Zwiebeln zugeben. 1/2 Liter Wasser zugießen und zugedeckt etwa 30 Minuten köcheln lassen. Zwischendurch die Geflügelteile wenden und nötigenfalls etwas Wasser nachgießen.

Das Fleisch ist gar, sobald es sich mühelos vom Knochen trennen lässt. Die Poulardenstücke herausheben und warm stellen.

Die Petersilie waschen und hacken. Die restlichen Zwiebeln und die Petersilie in die Sauce geben, gut verrühren und mit Salz abschmecken. Weitere 10–15 Minuten unter gelegentlichem Rühren kochen lassen. Sobald die Zwiebeln gar sind, das Fleisch wieder einlegen und nochmals erwärmen.

Zum Servieren die Geflügelstücke auf einer Platte anrichten, mit den Zwiebeln und Mandeln garnieren und mit der Sauce überziehen.

Tagine mit Backpflaumen und Mandeln

FÜR 8 PERSONEN
VORBEREITUNG: 30 Minuten
GARZEIT: 1 Stunde 30 Minuten

24 Backpflaumen
1,5 kg Lammschulter
2 Zwiebeln
3 Knoblauchzehen
5 EL Olivenöl plus Öl zum Rösten der Mandeln
1 TL Salz
1 TL gemahlener Ingwer
1 Prise Safran
4 TL Zucker
2 Zimtstangen
125 g Mandeln
1 EL flüssiger Honig

Diese raffinierte, süßlich-pikante Tagine mit Dörrpflaumen und Mandeln stammt aus der andalusischen Küche und ist für Festtage reserviert.

Die getrockneten Pflaumen in einer Schüssel mit kaltem Wasser bedecken und quellen lassen. Das Fleisch in Stücke zerteilen.

In einem Schnellkochtopf das Fleisch, 1 gehackte Zwiebel, den durchgepressten Knoblauch, das Olivenöl, Salz, Ingwer und Safran vermengen und mit Wasser bedecken. Den Topf verschließen und das Fleisch 20 Minuten bei mittlerer Hitze garen.

Den Schnellkochtopf vorsichtig öffnen und das Lamm unbedeckt bei milder Hitze weiterköcheln lassen. Sobald das Fleisch fast gar ist, die zweite, in Scheiben geschnittene Zwiebel zugeben. 1 Teelöffel Zucker einstreuen, die Zimtstangen zugeben und weitere 15 Minuten garen. Dabei die Fleischstücke regelmäßig wenden. Das Fleisch, sobald es gar ist, herausheben und warm stellen. Die Sauce in eine Kasserolle umfüllen.

Inzwischen die Mandeln blanchieren, abtropfen lassen und schälen. In einer Pfanne etwas Öl erhitzen, die Mandeln darin goldgelb rösten und auf Küchenkrepp abtropfen lassen.

Die Backpflaumen abgießen und unter die Sauce rühren. Sobald die Früchte fast gar sind, den restlichen Zucker unterrühren und noch etwas köcheln lassen, damit die Pflaumen die Süße aufnehmen können.

Zum Servieren das Fleisch und die Pflaumen in einer Tagine oder auf einer Platte anrichten, mit der Sauce überziehen und mit den gerösteten Mandeln garnieren.

Hähnchen gefüllt mit Couscous, Mandeln und Rosinen

FÜR 4 PERSONEN
VORBEREITUNG: 1 Stunde
GARZEIT: 1 Stunde

1 Hähnchen
1 große Zwiebel, fein gehackt
$^{1}/_{2}$ Bund Petersilie, gehackt
3 EL Öl
1 EL Butter
1 EL gemahlener Ingwer
1 Prise Safran
1 EL frisch gemahlener Pfeffer
$^{1}/_{2}$ EL Salz

Für die Farce:
75 g Mandeln
2 EL Erdnussöl
100 g gedämpfter Couscous
100 g Rosinen
$^{1}/_{2}$ TL *ras el hanut* (siehe Seite 22 und 63)
Salz

Für die Farce die Mandeln blanchieren und schälen. In einer Pfanne das Erdnussöl erhitzen und die Mandeln darin goldgelb rösten. Auf Küchenkrepp abtropfen lassen und grob hacken.

Das Hähnchen waschen. Sämtliche Zutaten für die Farce sorgfältig vermengen und das Hähnchen mit der Masse füllen.

Die gehackte Zwiebel und Petersilie mit dem Öl, der Butter und den Gewürzen in einem großen Topf vermengen. $1^{1}/_{2}$ Liter Wasser zugießen, salzen, pfeffern und das Hähnchen einsetzen. Zum Kochen bringen, das Hähnchen wenden, die Hitze reduzieren und das Gericht 30 Minuten sanft köcheln lassen. Das Hähnchen alle 10 Minuten umdrehen. Das Hähnchen in eine Tagine oder andere feuerfeste Form setzen und im Ofen bei 150 °C Farbe annehmen lassen. In der Zwischenzeit die Sauce einkochen.

Mit der Sauce überziehen und in der Tagine oder einer anderen Form servieren.

الخمر

WEIN

Vor etwa zwanzig Jahren begannen die marokkanischen Winzer angesichts steigender Nachfrage und Ansprüche, die Weinproduktion im Königreich wieder anzukurbeln, indem sie die Rebflächen mit neuen Sorten bestockten und die Keller modernisierten. Obwohl bereits die Römer den Wein im 2. Jahrhundert nach Marokko brachten, gelangte er erst eintausendfünfhundert Jahre später zu einiger Bedeutung, als französische Winzer in den Regionen Meknes, Oujda – im Westen des Landes – und in den Ebenen nahe der Atlantikküste dem Weinbau auf die Beine halfen.

Der heute gekelterte Wein wird in Eichenfässern ausgebaut und besticht vor allem durch sein kräftiges Holzaroma; doch das sehr kostspielige Verfahren ist ausschließlich den besten Tropfen vorbehalten, wie dem Médaillon (rot und weiß) und dem Beauvallon, die beide aus den Kellereien von Meknes und Thalvin-Ebertec, zweier großer lokaler Produzenten, stammen. Die besagten Weine werden aus jeweils einer einzigen Rebsorte – Merlot beziehungsweise Chardonnay und Cabernet Sauvignon gekeltert. Der Gris de Boulaouane wird wegen seines subtilen Aromas geschätzt. Dieser leichte, erfrischende, sehr helle Rosé ist ein Verschnitt aus Cinsault und Doukkali, Rebsorten, die auch großer Trockenheit widerstehen und dunkle Trauben mit großen Kernen und hellem Saft liefern. Das Ergebnis nach relativ kurzer Gärung ist ein leichter, gerbstoffarmer, klarer Wein. Zu den beliebtesten Weinen Marokkos gehören auch der Gris de Guerrouane, ein rassiger, trockener und sehr fruchtiger Weißwein, und der S de Siroua, ein noch relativ junges Gewächs, das hervorragend zu Tagines und Fleisch passt.

Kalbsfuß

FÜR 6 PERSONEN
VORBEREITUNG: 30 Minuten
GARZEIT: 1 Stunde 15 Minuten

1 große Zwiebel
1 Knoblauchzehe
250 g Kichererbsen, über Nacht eingeweicht
50 ml Olivenöl
$^1/_2$ Bund glatte Petersilie, gehackt
1 EL süßes Paprikapulver
2 Zimtstangen
1 EL gemahlener Ingwer
2 Prisen Safran
1 TL gemahlener weißer Pfeffer
Salz
3 Kalbsfüße, der Länge nach halbiert
100 g Weizenkörner, über Nacht eingeweicht und abgetropft

Die in Marokko sehr beliebten Innereien spielen besonders am „aid al kebir", dem Hammelfest, eine kulinarische Hauptrolle.

Die Zwiebel schälen und in Scheiben schneiden. Den Knoblauch schälen und durchpressen. Die Kichererbsen abspülen.

In einem Schmortopf das Öl, die Zwiebeln, den Knoblauch, die Gewürze und das Bund Petersilie gründlich vermengen.

Die Kalbsfüße einlegen, die Kichererbsen zugeben und nochmals alles vermengen. Den Topfinhalt mit kaltem Wasser bedecken und zum Kochen bringen. Die Kalbsfüße wenden und zugedeckt bei milder Hitze etwa 1 Stunde sanft köcheln lassen. Nötigenfalls etwas heißes Wasser nachgießen. Kurz bevor das Fleisch und die Kichererbsen gar sind, den Weizen unterrühren und bei milder Hitze weitere 15 Minuten köcheln lassen. Die Sauce sollte sämig und gehaltvoll, aber nicht fett sein.

Man kann anstelle von Weizen auch Reis verwenden und zusätzlich ein paar Rosinen unterrühren.

Dieses Gericht schmeckt noch besser, wenn man es bereits am Vortag zubereitet und über Nacht durchziehen lässt.

Lammhirn mit Chermula

FÜR 4 PERSONEN
VORBEREITUNG: 45 Minuten
GARZEIT: 15 Minuten

2 Lammhirne
4 EL Öl
2 Knoblauchzehen
$^1/_2$ Bund Koriandergrün, gehackt
$^1/_2$ Bund Petersilie, gehackt
1 EL Essig
1 TL süßes Paprikapulver
1 Prise scharfer Paprika oder $^1/_3$ TL *harissa*
Salz
Saft von 1 Zitrone

Die Lammhirne in kaltem Wasser mit einem kräftigen Schuss Essig säubern. Das äußere dünne Häutchen abziehen. Die Hirne abspülen und in Stücke schneiden. In einem Schmortopf das Öl erhitzen und die Hirnstücke mit allen weiteren Zutaten hineingeben und alles 15 Minuten sanft schmoren lassen, bis die Garflüssigkeit von dicker, geschmeidiger Konsistenz ist.

Heiß oder kalt mit dem Zitronensaft beträufelt servieren.

Kalbsleber M'chermel

FÜR 8 PERSONEN
VORBEREITUNG: 30 Minuten
GARZEIT: 30 Minuten

1 kg Kalbsleber, küchenfertig, in Stücke geschnitten
4 Knoblauchzehen, fein gehackt
1 Bund Petersilie, fein gehackt
1 EL süßes Paprikapulver
20 ml Öl
2 EL Essig
$^1/_2$ TL Salz
1 eingelegte Zitrone, in Würfel geschnitten

Die Leber in der Pfanne sautieren, bis sie innen zartrosa ist. Abkühlen lassen und in noch kleinere Stücke schneiden.

In einer Kasserolle $^1/_2$ Liter Wasser mit dem Knoblauch, der Petersilie, dem Paprikapulver und dem Öl zum Kochen bringen. Den Essig zugießen und die Flüssigkeit etwas reduzieren lassen. Die Sauce sollte nicht zu dick sein. Die Leber mit der Sauce überziehen, mit den Zitronenwürfeln garnieren und kalt servieren.

Makful (Lamm- oder Hammel-Tagine)

FÜR 8 PERSONEN
VORBEREITUNG: 15 Minuten
GARZEIT: 1 Stunde 45 Minuten

1,5 kg Lamm- oder Hammelfleisch (aus der Schulter), in Stücke geschnitten
50 ml Öl
3 Zimtstangen
Salz
1 EL gemahlener Zimt
1 Prise Safran
1 TL gemahlener Paprika
1 TL gemahlener Ingwer
1 TL frisch gemahlener Pfeffer
2 kg Zwiebeln
4 Tomaten
Puderzucker

Das Fleisch, Öl, die Zimtstangen, Salz und die Hälfte der Gewürze mit 1/4 Liter Wasser in einen großen Topf geben, gründlich vermengen und das Fleisch gleichmäßig auf dem Topfboden ausbreiten.

In einer Schüssel die restlichen Gewürze mit etwas Salz in 1/4 Liter Wasser verrühren.

Die Zwiebeln schälen und quer in 2–3 Teile schneiden. Die Tomaten waschen und halbieren.

Die Zwiebelstücke in die Wasser-Gewürz-Mischung tauchen und mit der geraden Seite nach unten gleichmäßig auf dem Fleisch verteilen. Mit den Tomatenhälften, Schnittseite nach unten, bedecken. Den Topf mit einem Deckel verschließen und den Inhalt bei lebhafter Hitze, ohne umzurühren, 1 Stunde kochen lassen.

Das Fleisch und Gemüse in der gleichen Reihenfolge in eine Tagine (oder eine andere ofenfeste Form) einschichten (das Fleisch zuunterst, darüber die Zwiebeln und Tomaten). Dieser Vorgang ist etwas heikel. Nehmen Sie am besten einen Schaumlöffel zu Hilfe.

Das Gericht mit der Garflüssigkeit übergießen. Überschüssige Sauce beiseite stellen und, falls nötig, zum späteren Übergießen verwenden. Mit etwas Puderzucker bestreuen und die Tagine im Ofen bei 210 °C in 30–45 Minuten garen.

Sobald die Zwiebeln weich und goldgelb sind, die Tagine aus dem Ofen nehmen und die Garflüssigkeit vorsichtig zu der verbliebenen Sauce geben. Die Sauce in einer Kasserolle bei großer Hitze einige Minuten auf die gewünschte Konsistenz einkochen lassen. Sie sollte schön sämig sein.

Das Taginegericht mit der Sauce überziehen und heiß servieren.

لوزام الطبخ DAS KOCHGESCHIRR

Die traditionelle marokkanische Küche ist meist recht geräumig, spärlich eingerichtet und mit einfachen, für die Zubereitung der Speisen grundlegenden Geräten ausgestattet. Unter den Kasserollen und Schmortöpfen ist die *q'draa,* ein großer Schmortopf aus Kupfer, Gusseisen oder Edelstahl, in dem sich Gemüse und Fleisch auch in größeren Mengen zubereiten lässt, ein unverzichtbares Küchenutensil. Der Couscous wird in einer *ga'saa,* einer runden, flachen Schale aus Ton oder Holz, bearbeitet, bevor man ihn zum Dämpfen in den Couscoussier gibt. In dem unteren Topfteil aus Edelstahl oder Weißblech kocht das Fleisch und Gemüse, während der Couscous-Grieß in einem aufgesetzten Siebteil durch den aufsteigenden Dampf gegart wird. Mit einem Schaumlöffel schöpft man Fleisch und Gemüse aus der Brühe; eine Kelle hilft beim Befeuchten des Couscous. Die Tagine *slaui,* ein flaches, rundes Kochgeschirr aus dickem gebranntem Ton und mit spitz zulaufendem Deckel, dient zum Garen und Warmhalten aller erdenklichen Gerichte. Sie lässt sich in einen kupfernen Untersatz einpassen, der den Tisch vor der Hitze schützt. Mörser und Stößel helfen beim Zerkleinern und Zermahlen von Knoblauch, Kräutern und Gewürzen. Verschiedene metallene Formen finden bei der Zubereitung von Kuchen und Gebäck Verwendung. Unverzichtbar ist auch der stets mit Wasser gefüllte Teekessel. Die *thika,* ein aus Espartogras geflochtener Korb mit konischem Deckel, schützt das Brot vor Staub. Bevor der Gasherd in den marokkanischen Küchen Einzug hielt, war der runde *kanun* aus gebranntem Ton das vorherrschende Gargerät.

عطر الزهور

DER DUFT DER ROSEN

Die von Poeten viel besungene *Rosa damascena,* die Damszenerrose, gelangte angeblich durch berberische Pilger nach Marokko, die auf ihrer Rückkehr aus Mekka in Kleinasien vom Duft der Blüten überwältigt wurden. Seither blühen die gegen Kälte und Trockenheit relativ unempfindlichen Rosen in dicht gedrängten Hecken am Fuße der ockerfarbenen Berge des Hohen Atlas. Jedes Jahr werden die frischen Rosenknospen zu Tausenden geerntet und auf den Märkten verkauft oder zur Verarbeitung in die beiden Destillen der Region Kelaa M'Gouna gebracht. Die zu Rosenwasser oder Essenz verarbeiteten Blüten gelten als Symbol der Gastlichkeit. Anlässlich von Feiern und Festessen dienen die Rosenblätter, über den ganzen Tisch verstreut, als Tafelschmuck, und nach altem Brauch werden die Gäste bei ihrer Ankunft aus bauchigen Glasflakons mit schlankem, versilbertem Metallhals – den *mracha* – mit Rosenwasser benetzt. Außer als Duftstoff findet Rosenwasser auch für verschiedene Gebäcksorten und Süßspeisen Verwendung, so zum Beispiel für die spiralförmig aufgerollten *m'hencha.* Der aus dem Rosenextrakt gewonnene Absud wird zu Salben verarbeitet und wegen seiner entzündungshemmenden Wirkung geschätzt. Neben Henna und dem *khôl* gehört das Rosenwasser auch zur Palette der Kosmetika. Als Kompresse auf die müden Augen gelegt oder mit Henna vermischt auf die Haare aufgetragen, entfaltet es ungeahnte kosmetische Kräfte.

Jedes Jahr im Mai wird in Kelaa M'Gouna das Ende der Rosenernte gefeiert. Junge Mädchen, herausgeputzt mit kostbaren Kleidern, einer Krone aus Rosen auf dem Kopf und mit Ketten frischer Blüten behangen, werfen mit verschwenderischer Hand Rosenblätter in die Menge.

In Marokko werden jährlich etwa drei Tonnen Rosenessenz hergestellt, wovon ein Drittel in die französische Parfumindustrie fließt. Für ein Kilogramm getrockneter Rosenknospen sind fünf Kilogramm frische Blüten erforderlich.

In der islamischen Welt ist die Rose die Königin der Blumen; sie wird auch in der arabischen Poesie viel besungen. Angeblich hat der berühmte arabische Philosoph und Arzt Avicenna (um 980–1037 n. Chr., auch als Ibn Sina bekannt) die Methode des Destillierens entdeckt.

Mandel-B'stila mit Milch

FÜR 8 PERSONEN
VORBEREITUNG: 30 Minuten
GARZEIT: 5 Minuten pro Stück

200 g Mandeln
100 ml Öl
200 g Puderzucker
20 Blätter Filoteig
³/₄ Liter Milch
1 TL Vanilleextrakt oder
1 EL Orangenblütenwasser

Die Mandeln in kochendem Wasser 5 Minuten blanchieren, schälen, abspülen und gründlich trockentupfen. Die Hälfte des Öls erhitzen und die Mandeln darin in 1 Minute goldgelb rösten. Die gerösteten Mandeln auf Küchenkrepp kurz abtropfen lassen und mit 100 g Puderzucker im Mixer grob zerkleinern.

Das restliche Öl in einer großen Pfanne erhitzen und nacheinander die Filoteigblätter darin goldgelb ausbacken. Die fertigen Teigblätter zum Abtropfen auf einem Rost aufschichten; zwischen die Blätter jeweils ein Stück Küchenkrepp legen.

Eine große, flache Servierschale mit einem Teigblatt auslegen und mit einem Teil der gehackten Mandeln bestreuen. Ein weiteres Teigblatt auflegen und in der gleichen Weise fortfahren, bis sämtliche Blätter und Mandeln verbraucht sind. Bis hierhin lässt sich die B'stila hervorragend im Voraus zubereiten.

Vor dem Servieren die Milch mit dem restlichen Zucker, dem Vanilleextrakt oder Orangenblütenwasser aufkochen und vorsichtig und gleichmäßig über der vorbereiteten B'stila verteilen. Die B'stila sofort servieren.

Man kann die mit Orangenblütenwasser aromatisierte Milch auch durch Konditorcreme ersetzen. Auch dann sollte die B'stila gleich serviert werden.

العسل

HONIG

Honig hat schon immer eine wichtige Rolle in der Kochkunst gespielt. Im Islam kommt ihm eine fast sakrale Bedeutung zu, wie dieser Vers aus dem Koran belegt: „Aus dem Schoße der Bienen fließt ein leuchtender Saft, in dem der Mensch Heilung findet" (XVI, 68). Akazien-, Klee- oder Luzernenhonig, Honig aus Heidekraut, Thymian, Thuja oder Eukalyptus, Kräuterhonig und Wildbeerenhonig aus dem Rifgebirge – die Vielfalt des Angebots ist groß, und vor allem auf dem Ernährungsplan der Berber ist Honig, meist mit Brot und einem Glas Minztee genossen, ein wichtiger Posten. Während des Ramadan umhüllt er *chebbakiya*, gebackene Teigkringel, die mit Sesamsamen bestreut und wie die *harira* zum allabendlichen Fastenbrechen serviert werden. Er überzieht Crêpes – *beghir* –, Briuats mit Mandeln oder auch Baklava (Walnussgebäck). Honig verfeinert süßen Couscous, adelt pikante Tagines und verleiht ihrer Sauce die rechte Würze und Konsistenz. Auch für das mit *ras el hanut* und Olivenöl zubereitete Zwiebel-Confit, das zu gebratenem Fisch serviert wird, kommt der Bienensaft zum Einsatz. Er versüßt den Grieß am *mulud*, dem Geburtstag des Propheten, und im Atlas reibt sich die junge Braut vor der Zubereitung des ersten Couscous ihre Hände mit Honig ein, auf dass sich dessen Milde und Sanftheit auf sie übertrage.

الحلاوي

DESSERTS

Hausgemachtes Backwerk, kleine Küchlein und Gebäckstücke für jede Gelegenheit, wird in Marokko praktisch zu jeder Tageszeit genossen. Madame hält immer ein paar süße Stücke bereit, um sie zum Minztee aufzutragen. Auf großen Tabletts dekorativ angerichtet, sind sie Bestandteil jedes bedeutenden Feiertages. Große Kuchen und Torten kennt die traditionelle marokkanische Patisserie hingegen nicht. Egal ob Briuats, *ghoriba* mit Mandeln, *rghaif*, die spiralförmigen *m'hencha*, *makrut* oder *fekka*, die kleinen, in heißem Öl oder im Ofen gebackenen Leckerbissen triefen förmlich vor Honig oder Mandelpaste.

OBEN: *Die spiralförmigen „m'hencha" erinnern an eine aufgerollte Schlange. Sie werden aus Filoteig hergestellt und sind nicht ganz einfach zuzubereiten.*

GEGENÜBERLIEGENDE SEITE: *In vielen Formen, doch stets honigglasiert, locken die süßen kleinen Leckereien.*

Datteln mit Honig

FÜR 8 PERSONEN
ZUBEREITUNG: 15 Minuten

500 Datteln, entsteint
2 EL Honig
2 EL gemahlener Zimt
1 EL Zucker
1 Prise Gummiarabikum (siehe Seite 183)
1 Prise Muskatnuss
1 TL Orangenblütenwasser

Die Datteln in Stücke schneiden. Sämtliche Zutaten mit den Händen in einer Terrine zu einer Paste verkneten.

Die Dattelpaste mit ein paar Butterflocken zum Frühstück oder als süßen Imbiss servieren.

Sandgebäck mit Zimt

ERGIBT 50 STÜCK
VORBEREITUNG: 30 Minuten
BACKZEIT: 30 Minuten

250 g Mehl
½ Päckchen Backpulver
125 g Puderzucker
½ TL gemahlener Zimt
80 g gemahlene Mandeln
150 g Butter

Das Mehl in eine Schüssel sieben. Das Backpulver, den Puderzucker, Zimt und die gemahlenen Mandeln untermengen.

In der Mitte eine Mulde bilden, die weiche Butter hineingeben und sämtliche Zutaten mit den Fingerspitzen zu einem Sandteig verkneten.

Den Teig zwischen den Handballen zu kleinen Kugeln formen, die Teigkugeln etwas flach drücken. Die Plätzchen mit jeweils 3 cm Abstand auf ein gebuttertes Backblech legen. 10 Minuten ruhen lassen und anschließend im vorgeheizten Ofen bei 150 °C etwa 30 Minuten backen.

التمر

DATTELN

Im Herzen der Dattelhaine im Süden des Landes vollzieht sich alljährlich zur Dattelernte ein ganz besonderes Schauspiel. Junge Männer erklimmen flink die Palmen, ihre nackten Füße auf die rund um den Stamm durch abgeschlagene Blätter hinterlassenen Stümpfe setzend. Dann ertönen die Schläge von Macheten aus den Baumkronen. Die orangefarbenen Fruchtrispen fallen schwer und in dicken Büscheln auf große Planen, die ausgebreitet am Fuße der Palmen bereitliegen, wo die Datteln sofort von den Frauen sortiert werden. Die Dattelpalme ist von Natur aus nicht besonders fruchtbar. Meist reichen Wind und Insekten zur natürlichen Bestäubung nicht aus. Daher hilft man mit einer Art künstlicher Befruchtung nach. Dazu sammelt ein Spezialist zu Beginn des Frühlings die langen, weißen Blütenstände aus dem Herzen der männlichen Bäume. Halm für Halm wird nun der darin enthaltene Pollen freigelegt und über den Blütenständen der weiblichen Bäume ausgeschüttet. Fünf Monate nach der erfolgreichen Bestäubung sind die Datteln am Ende des Sommers reif, und die Ernte kann beginnen. Eine ertragreiche Dattelpalme bringt jährlich bis zu fünfzig Kilogramm Früchte hervor.

Makrut

ERGIBT 50 STÜCK
VORBEREITUNG: 1 Stunde
RUHEZEIT: 4 Stunden
GARZEIT: 30 Minuten

FÜR DIE FÜLLUNG:
1 kg Datteln, entsteint
2 EL Butter
1 TL Zucker
1 TL gemahlener Zimt
1 Prise Nelkenpulver

FÜR DEN TEIG:
500 g feiner Couscous
250 g mittelfeiner Couscous
250 g Butter, zerlassen
4 EL Zucker
1 Prise Backpulver
1 Prise Salz
250 ml Orangenblütenwasser
1 l Pflanzenöl zum Ausbacken
500 g Honig
1 Prise Gummiarabikum (siehe Seite 183)

Zunächst den Teig zubereiten: Den Couscous, die zerlassene Butter, den Zucker, das Backpulver und das Salz behutsam miteinander vermengen. Nach und nach $^1/_2$ Liter Wasser und 200 ml Orangenblütenwasser einarbeiten, ohne zu kneten. Den Teig 4 Stunden ruhen lassen. Inzwischen die Füllung zubereiten: Die Datteln mit der zerlassenen Butter, dem Zucker und den Gewürzen im Mixer zerkleinern. Die Farce zu 2 cm dicken und 20 cm langen Spindeln verarbeiten.

Den Teig zu 20 cm langen, etwa 3 cm dicken Stäben formen. Mit den Fingern der ganzen Länge nach eine Rinne in die Stäbe drücken. Jeweils eine Dattelspindel in die Aushöhlung legen und den Teig über die Füllung schlagen und versiegeln. Die *makrut*-Stäbe schräg in 3–4 Stücke schneiden.

Die *makrut*-Stücke im heißen Öl goldgelb ausbacken. Kurz abtropfen lassen und in den leicht erwärmten und mit dem Gummiarabikum und dem restlichen Orangenblütenwasser vermengten Honig tauchen. Vor dem Servieren abkühlen lassen.

Kaak (Sesamringe)

FÜR 8–10 PERSONEN
VORBEREITUNG: 30 Minuten
RUHEZEIT: 3 Stunden
BACKZEIT: 30 Minuten

1 kg Mehl
150 g weiche Butter
2 Eier
$^1/_2$ l Milch
250 g Zucker
25 g frische Hefe
1 Päckchen Backpulver
1 Prise Salz
1 EL gemahlene Sesamsamen
1 EL gemahlene Fenchelsamen
1 Prise Gummiarabikum
(siehe Seite 183)
1 EL Sesamsamen zum Garnieren

Sämtliche Zutaten zu einem glatten, geschmeidigen Teig verarbeiten.

Den Teig 2 cm dick ausrollen und in 2 cm breite und 15 cm lange Stränge schneiden, diese zu Ringen formen und die Teigenden mit den Fingern zusammendrücken.

Die Ringe auf ein eingeöltes Backblech legen und mit einem Küchentuch bedecken. An einem warmen Ort 3 Stunden gehen lassen.

Den Ofen auf 210 °C vorheizen. Die Teigringe mit den Sesamsamen bestreuen und im Ofen etwa 30 Minuten backen.

Die kleinen, harten Datteln aus Marrakesch werden gekocht, gehackt und zu einer Paste verarbeitet, die unter anderem zur Herstellung von „makrut" dient. Frisch werden die Früchte auch mit einer Mandel- oder Walnussmasse gefüllt.

In den weiten Ebenen der südlichen Sahara unterbrechen die weißen Tupfer der kubischen Marabouts, kultischer Grabstätten, in denen islamische Heilige verehrt werden, die Monotonie des Horizonts. In der Wüste, wo die sprichwörtliche Gastfreundschaft nahezu legendär ist, serviert man den Tee stark, sehr süß und häufig ohne Minze. Nach altem Brauch nimmt man als Gast drei Gläser an.
Das Dromedar, treuer Gefährte der Nomaden, ist für seine Genügsamkeit bekannt. Es übersteht mühelos eine Woche, ohne zu trinken. Allerdings sind einhundert Liter Wasser nötig, um sein Reservoir wieder aufzufüllen.

VERZEICHNIS DER REZEPTE

VORSPEISEN

SUPPEN

VEGETARISCHE GERICHTE

FLEISCHGERICHTE

FISCHGERICHTE

SAUCEN UND GEWÜRZE

DESSERTS

BEZUGSQUELLEN (VERSAND)

Gewürzhaus Alfred Ewert
Internationale Spezialitäten
Weender Str. 84
37073 Göttingen
Tel. 05 51-5 70 20
Fax 05 51-5 60 91

Gewürzhaus Alsbach
An der Staufenmauer 11
60311 Frankfurt am Main
Tel. 0 69-28 33 12
Fax 0 69-29 61 41
E-Mail *alsbachbecker@web.de*

Kräuterzauber Daniel Rühlemann
Auf dem Berg 166
27367 Horstedt
Tel. 0 42 88-92 85 58
Fax 0 42 88-92 85 59
www.kraeuterzauber.de

Küchengarten Reinhold Krämer
Postfach 15 11
73505 Schwäbisch Gmünd
Tel. 0 71 71-92 87 12
Fax 0 71 71-92 87 14

Mai Ling
Exotische Lebensmittel
Westenrieder Str. 6
80331 München
Tel./Fax 0 89-29 40 11

Maroc Shop
Franzstr. 24–26
53111 Bonn
Tel. 02 28-7 66 71 29
Fax 02 28-7 66 71 39
E-Mail *benali@marocshop.de*

Otzberg-Kräuter
Erich-Ollenhauer-Str. 87a,
65187 Wiesbaden
Tel. 06 11-8 12 05 45
Fax 06 11-8 46 05 58
E-Mail *otzbergkraeuter@hotmail.com*

Gasterea-Versand
Brucher Weg 72
58507 Lüdenscheid
Fax 0 23 51-56 85 25
E-Mail *info@gasterea.de*
www.gasterea.de

Die aufgeführten Adressen stellen selbstverständlich nur eine Auswahl dar. So sind Gewürze und Kräuter für die nordafrikanische Küche in den meisten Geschäften, die Mittelmeerspezialitäten oder exotische Lebensmittel führen, erhältlich. Auch die großen Filialen von Warenhausketten wie Kaufhof, Karstadt und Hertie verfügen über entsprechend sortierte Feinkostabteilungen.

Das in einigen Rezepten als Bindemittel aufgeführte Gummiarabikum ist in Apotheken erhältlich.

In Marokko hergestellte Tagine-Kochtöpfe aus reiner Lehmerde in verschiedenen Größen können Sie bestellen bei:

Ali Baba Tajine
Imp. Jochen Walter
Am Weidenbach 30
88299 Ausnang/Allgäu
Tel. 0 75 61-7 03 88
Fax 0 75 61-7 27 04
www.tajine.de

Aus dem Französischen übersetzt von Helmut Ertl
Redaktion: Silvia Rehder
Korrektur: Petra Tröger
Umschlaggestaltung: Horst Bätz
Herstellung: Dieter Lidl
Satz: Fotosatz Völkl, Puchheim

Die Originalausgabe mit dem Titel *Saveurs marocaines* wurde erstmals 2001 im Verlag Édition du Chêne, Hachette Livre, Paris veröffentlicht.

Rezepte und Texte: Maria Seguin-Tsouli und Marie-Pascale Rauzier
Fotos: Hervé Amiard
Fotostilistin: Laurence Mouton

Design: Sabine Houplain
Druck und Bindung: Pollina, Luçon
Printed in France

ISBN 3-88472-506-8

HINWEIS

Alle Informationen und Hinweise, die in diesem Buch enthalten sind, wurden von den Autorinnen nach bestem Wissen erarbeitet und von ihnen und dem Verlag mit größtmöglicher Sorgfalt überprüft. Unter Berücksichtigung des Produkthaftungsrechts müssen wir allerdings darauf hinweisen, dass inhaltliche Fehler oder Auslassungen nicht völlig auszuschließen sind. Für etwaige fehlerhafte Angaben können Autorinnen, Verlag und Verlagsmitarbeiter keinerlei Verpflichtung und Haftung übernehmen.
Korrekturhinweise sind jederzeit willkommen und werden gerne berücksichtigt.